SaaS
创业方法论
——产品定位+运营推广+团队管理

沈　剑◎著

中国铁道出版社有限公司
CHINA RAILWAY PUBLISHING HOUSE CO., LTD.

图书在版编目（CIP）数据

SaaS 创业方法论：产品定位＋运营推广＋团队管理/
沈剑著. —北京：中国铁道出版社有限公司，2023.2
ISBN 978-7-113-29549-3

Ⅰ. ①S… Ⅱ. ①沈… Ⅲ. ①企业管理-应用软件
Ⅳ. ①F272.7-39

中国版本图书馆 CIP 数据核字（2022）第 143231 号

书　名：**SaaS 创业方法论——产品定位＋运营推广＋团队管理**
SAAS CHUANGYE FANGFALUN—CHANPIN DINGWEI＋YUNYING
TUIGUANG＋TUANDUI GUANLI
作　者：沈　剑

责任编辑：马慧君　编辑部电话：（010）51873005　投稿邮箱：zzmhj1030@163.com
封面设计：宿　萌
责任校对：苗　丹
责任印制：赵星辰

出版发行：中国铁道出版社有限公司（100054，北京市西城区右安门西街 8 号）
网　　址：http://www.tdpress.com
印　　刷：三河市宏盛印务有限公司
版　　次：2023 年 2 月第 1 版　2023 年 2 月第 1 次印刷
开　　本：710 mm×1 000 mm　1/16　印张：13.5　字数：169 千
书　　号：ISBN 978-7-113-29549-3
定　　价：69.80 元

前　言

如今,各行各业已经进入精细化发展阶段,数字化、自动化、智能化成为必然趋势,实现数字化转型升级是公司能够长远发展的必然选择。

过去,一些公司认为转型升级的成本非常高,而且无法在短期内获得收益,便没有给予足够的重视,最多就是将其作为锦上添花的工具。但随着竞争越来越激烈,外部商业环境的变化倒逼运营和管理模式发生剧烈变化,转型升级已经变成了公司发展的生命线。基于此,如果公司不紧跟时代,很可能因为快速失去市场竞争力而倒下。

在数字化时代,SaaS作为先进IT生产力的代表,会推动公司塑造全新的行业及商业形态。现在的SaaS已经不再是IT专业人士才关注的话题。我们每个人,尤其是想创业的人都应该对其有所了解,并积极参与到这场影响深远的时代变革中。

起初SaaS在我国发展得并不是那么顺利,一些探索SaaS业务的To B企业没有取得非常亮眼的成绩。但企业的数智化需求变得更强烈。2016年,SaaS巨头Salesforce(赛富时)的年营收超过50亿美元。而从这一年起,中国企业级SaaS市场呈稳步扩张趋势。

时代浪潮正在加速推动数字化进程,外部不确定性也提升了客户对SaaS服务的认知度和接受度,人口代际变化使客户对IT工具的自助化需求不断攀升。在多重利好的大背景下,我国的SaaS行业正迎来新一轮高速发展期。

海比研究院和中国软件网联合中国软件行业协会发布的《2021中国SaaS市场研究报告》显示:2020年,我国SaaS市场规模已达到498.2亿元,同比2019年增长了31.6%。IT桔子公布的数据也显示:2021年1—7月,我国SaaS行业融资事件达到116件,融资金额高达226.81亿元,为历史最高融资金额。可见,

SaaS 行业已日益成为炙手可热的黄金赛道。

随着 SaaS 领域进入爆发期，很多人都想入行，尝试进行 SaaS 创业，希望尽快实现自己的创业梦想。但在此之前，大家需要学习与 SaaS 相关的知识，掌握开发和推广 SaaS 产品的方法，规避一些前人踩过的坑，从而更有效地抓住关键客户，实现产品的大范围覆盖。与此同时，大家还要搭建和管理具有高执行力的 SaaS 团队。

本书以 SaaS 创业实战为基础进行内容讲述，并引入一些成功案例帮助读者快速了解 SaaS 创业的方方面面。正所谓"他山之石，可以攻玉"，从这些案例中，读者可以挖掘出很多需要学习和值得借鉴的地方，有效规避一些风险和陷阱，并将这些案例应用到自己的创业实践中。

对于想进行 SaaS 创业的创业者、有经验的企业家、SaaS 业务管理者、向往 SaaS 领域的人来说，这是一本内容丰富的好书。笔者希望通过本书的出版，未来可以有更多有志之士加入 SaaS 领域，加速推进 SaaS 生态的形成，也期待在我国诞生一批有影响力的 SaaS 巨头，更好地赋能数字化时代。

由于时间和水平限制，本书可能不能尽如人意，如有错漏和尚可补实之处，希望各位读者批评指正。

目　录

第 3 章

客户识别:精确描绘客户特征

第 4 章

产品设计:为客户提供最佳解决方案

第 5 章

产品定价:SaaS 产品需要不断调整定价策略

第 6 章

客户体验:留住老客户,把老客户收入做大

第 11 章

规模化运营:裂变扩张,摆脱增长困境

第 12 章

销售及续约:SaaS 产品不是一锤子买卖

第 13 章

数据分析:用数据分析解决 SaaS 产品留存难题

第 14 章

团队管理:如何组建敏捷高效的团队

第 15 章

团队激励:如何让激励既专业又有效

01

第 1 章

商业模式:SaaS 为什么倍受企业欢迎

商业模式是企业的立足之本,对于 To B(面对企业客户)企业来说更是如此。B端服务涉及的行业、领域太多,面对的又是体量较大的公司级客户,因此如果 To B 企业不能构建一个合适的商业模式,那么其在发展过程中会遇到很大的阻力。

1.1　传统买断模式与订阅模式

SaaS(Software as a Service,软件即服务)智能营销系统的商业模式可以分为传统买断模式与订阅模式。在传统买断模式下,To B 企业的盈利流程是这样的:第一年向客户收取定制开发费用,以后每年收取一定的维护费用,该模式基本是一次性生意,即客户购买了产品,除了后期的维护外,与 To B 企业几乎就没有关系了。对于选择该模式的 To B 企业来说,要想获得更多盈利,一个比较好的方法是进行交叉销售,即以客户为中心,销售其他产品或代理其他 To B 企业的产品。

与传统买断模式相比,订阅模式是当前很多 To B 企业更愿意选择的模式,该模式对应的是预付费,而且 To B 企业的收入不仅源自获客阶段的定制开发等一次性收入，还包括后期的续费、增购等持续性收入，这种持续性收入对于 To B 企业来说是非常有价值的。

例如，某 To B 企业有一个内在机制：每年都会找客户续费，并帮助客户不断解决各种问题，该 To B 企业专门成立了一个以客户的续费情况为 KPI（关键绩效指标，Key Performance Indicator）的团队，这个团队会想尽办法调动相关资源为客户提供支持，促使客户长久地订阅产品。

订阅模式可以分为多年期订阅与短期订阅，其中，多年期订阅的优势是可以更长久地锁定客户，但同样也锁定了价格。根据咨询机构的调查，接近 80％的 To B 企业与客户签订的都是多年期订阅合同，这样有利于保证 To B 企业的未来业绩。与此同时，客户能够选择多年期订阅合同，也代表客户对 To B 企业提供的产品及其市场地位的认可。

ITSM（IT 服务管理）领域的知名 SaaS 厂商 ServiceNow（现在服务公司）与客户签订的大多是超过 3 年的多年期订阅合同，而且为了避免价格被长时间锁定，ServiceNow 在实际操作时会与客户签订多份价格不同的合同。现在很多 To B 企业都像 ServiceNow 这样选择多年期订阅合同来保障 SaaS 业务的确定性，从而确保自己在未来获得更好、更稳定的发展。

1.2　VUCA 时代，SaaS 更符合发展需要

汇率持续波动、市场竞争日趋激烈等不确定因素让 To B 企业面临很严峻的挑战，也让 VUCA 概念被越来越多地提及。如今，积极应对 VUCA 时代已经成为优秀 To B 企业的必然选择。那么，什么是 VUCA 时代呢？

VUCA 是 Volatility(易变性)、Uncertainty(不确定性)、Complexity(复杂性)、Ambiguity(模糊性)的首字母缩写组合,最早属于军事用语,在 20 世纪 90 年代开始被普遍应用。在 VUCA 时代,客观世界和人们的主观理念都处在不断发展中,其中充满了各种不确定性,我们几乎不可能再用简单的方法来解决一系列重大问题。此外,信息的爆发式增长和碎片化趋势让我们无法清楚地认识客观世界的全貌,也很难让我们对未来做出精准预测。

在 VUCA 时代,各类商业组织作为商业主体,既连接消费者,又面向市场,因此它们必须及时转变思维和运营战略,否则将很难生存下去,这就为 To B 企业的发展提供了契机。To B 企业可以将商业组织转化为客户,根据其需求为其提供产品。例如,提供 SaaS 系统的 To B 企业可以帮助客户更专注于核心业务,降低客户的综合成本,使客户享受更安全、高效的服务。

1. 帮助客户更专注于核心业务

SaaS 系统背后有强大支撑,如安全的运行环境、专业的运营人员等,因此,不需要配备特殊场所和辅助设备,SaaS 系统可以实现随插随用,帮客户免去后期维护的麻烦,节约了成本,解决了很多后顾之忧,使客户能专注于更有价值的核心业务。

在有网络的情况下,SaaS 系统可以自动运行和更新,这意味着员工的办公地点得到了延伸,不再像之前那样局限于办公室,而是可以随时随地工作。他们将有更多的时间和精力处理核心业务,为自己的团队带来持续性的活力,推动团队不断发展。

2. 降低客户的综合成本

SaaS 系统通常采用的是订阅模式，可以帮助客户节省下购买软件的成本。同时，当完成注册后，员工只要联网便可以即时使用 SaaS 系统，这又帮助客户节省了配置相关硬件的成本。SaaS 系统的收费是根据订阅时间而决定的，可以让客户有深入了解产品的时间，也能让客户对产品进行评估和考量，消除了客户对产品能否长期使用的怀疑。从这个角度来看，SaaS 系统可以降低客户的使用成本，帮助客户更好地应对 VUCA 时代的不确定性。

3. 使客户享受更安全、高效的服务

SaaS 系统借助互联网运行，可以为客户提供更快、更优质的服务，使客户更便捷地享受技术进步带来的好处。几乎所有 SaaS 系统的运行都是即时的，而且灵活性非常强，客户不需要进行烦琐、复杂的操作，只要简单地点击相应的按钮即可。

SaaS 系统的订阅模式在降低成本、简化操作流程的同时使客户实现了优化管理，更重要的是，SaaS 系统允许客户直接反馈信息，确保了信息的安全性，避免信息被泄露。

总之，对于处在 VUCA 时代的客户来说，引入 SaaS 系统非常重要。To B 企业可以由此入手，研发能够满足客户需求的产品，为客户进行创新发展、探索新商机提供支持和便利，这样 To B 企业可以吸引更多客户，从而保障自己在 VUCA 时代能够立足。

1.3　更短的部署时间和更广的应用空间

目前市场上有很多 SaaS 软件，也有很多传统软件，这就导致很多客户不知道应该选择哪一种软件。因此，下面给大家介绍 SaaS 软件和传统软件的区别。

To B 企业会先将 SaaS 软件安装在自己的服务器上，客户无须耗费磁盘及服务器等空间资源，只需要通过互联网接入即可实时使用。而且随着物联网、云计算、人工智能等技术的发展，SaaS 软件还可以在手机、电脑、iPad 等多种设备上接入，从而使客户更便捷、高效地对其进行操作和管理。

传统软件需要借助磁盘等固体介质才可以使用，而且客户必须将其安装到自己的电脑上，这使得客户在软件部署方面需要用很长时间。而 SaaS 软件的部署时间很短，甚至有些 SaaS 软件，例如针对报销审批这一特定功能的 SaaS 软件，只需要一周就可以完成部署并开始使用，即使是大型 SaaS 软件，部署时间最多也不会超过 3 个月。

此外，在适用性方面，很多传统软件都受限于服务器或者产品安装地址，而 SaaS 软件只需要客户有网络即可随时随地运行。

由上述内容可以知道传统软件和 SaaS 软件的区别，那么客户会如何选择呢？

首先，一般业务流程简单的中小型客户会更愿意选择 SaaS 软件，以降低前期费用。但现在也有一些 To B 企业可以承接大型客户的 SaaS 服务需求。

其次，虽然传统软件和 SaaS 软件的功能差距正在缩小，但二者之间仍存在比较大的区别，对应的客户也有所不同。例如生产航空航天零件的中型客户可能更适合传统软件，因为传统软件的发展时间更长而且功能更完善，功能迭代速度相对较慢；专门开发螺母、螺栓等产品的客户则可以在 SaaS 软件中找到自己需要的解决方案。

因此，客户究竟会如何选择，更多地取决于其需求是什么以及哪种软件可以最好地帮助其解决问题。To B 企业在设计产品时，也要以客户的需求为核心，确保无论是传统软件还是 SaaS 软件，都能很好地消除客户的痛点，为客户提供更多便利。

1.4　SaaS 模式是中小型客户信息化的最佳选择

技术在不断发展，信息化趋势越来越明显，很多客户，尤其是中小型客户都有进行信息化转型的需求。在转型过程中，SaaS 模式有一定的优势。

（1）中小型客户需要加强信息化管理，提高工作效率，才有可能在市场竞争中获胜。虽然 SaaS 模式成本比较低，但具备高标准的信息化功能，可以让中小型客户迅速提升信息化管理水平，从而为业务发展奠定坚实基础。此外，客户在不断成长，其信息化需求也在变化，SaaS 模式可以根据这个变化增加相应的功能，真正实现按需付费。

（2）SaaS 模式是可以即用即买的，而不是必须一次性投入，如果客户发现其使用效果不佳，那么随时可以终止使用，而且终止使用所需要的退出成本也不高。

（3）SaaS 模式使用门槛低，客户不需要单独设置系统管理员来维护系统，而且操作流程简单，可以有效降低客户的使用难度。

（4）在传统模式中，客户在购买产品前是不太了解产品的运行效果和实际功能的,而基于 SaaS 模式的产品则可以让客户先试用一段时间,让客户亲自体验实际效果,这样当客户引入产品后可以很快上手,产品也可以更快发挥作用。SaaS 模式有诸多好处,目前已经成为客户进行信息化转型的最佳选择之一。

(5)随着越来越多的 SaaS 云化,不同 SaaS 软件之间交换信息的技术复杂度相比传统软件来说已经大大降低,这将很好地促进中小型客户信息化、云化和生态化发展。

例如,澳大利亚知名钢铁制造商博思格(BlueScope)就积极部署基于 SaaS 模式的 CRM(Customer Relationship Management,客户关系管理)系统。起初销售人员对 CRM 系统还太不适应,因为原来只需口头报告项目和计划,而现在必须将项目和计划记录在系统中,而且每天的业务活动也要在网上申请,如果销售人员不依照程序工作,系统内预设的关卡还会阻止下一项任务的开展。

过了一段时间,销售人员逐渐认识到 CRM 系统其实简化了报告流程,因为业务活动不需要发短信告知领导,工作也不需要进行邮件申请了。此外,销售人员常用的报表也都储存在系统里,节省了反复申请报表的时间,实现了真正的无纸化办公。

对于博思格来说,CRM 系统的好处是可以尽早发现会发生冲突的项目,以更快的速度在集团内部进行协调,从而优化资源配置,使资源发挥最大价值。

此外,我国以微信为代表的移动社交平台的空前发展,也催生出更具竞争力的 SCRM,也就是基于社交关系的客户关系管理系统,如嘀加企微管家、探马 SCRM、微盛等。

随着公域流量越来越贵、精准度越来越差,私域流量成为各类 To B 企业的运营重点,而 SCRM 则成为聚集私域流量的利器。我们以面向汽车经销商集团这一垂直领域的 SCRM 为例,广联数科的嘀加企微管家 SCRM 是这一领域的代表,它的主要功能包括以下几个方面：

（1）渠道管理。包括新建和管理多种不同获客渠道,将客户有效分配到不同的企业微信进行后续运营,统计各获客渠道的加粉数据等。

（2）人群分组。包括创建和管理手工标签及系统标签,给客户贴标签,通过标签建立人群分组,并据此描绘客户画像。

（3）触达管理。包括基于客户和客户群的群发功能,公司可以通过电话、企业微信、短信、5G 短信等多种渠道触达目标群体。

（4）社群管理。包括管理客户群、通过标签为客户建群、统计和查看客户数据等。

（5）内容运营。包括内容素材库管理及销售技巧管理等。

1.5　SaaS 的两种模式：工具类 SaaS 和商业类 SaaS

在 To B 领域,一个比较不错的获取收益策略是为客户提供 SaaS 服务,目前市场上最常见的 SaaS 模式包括工具类 SaaS 和商业类 SaaS 两种。在具体操作时,To B 企业可以根据自身实际情况和市场发展趋势在这两种 SaaS 模式中做出选择。

1. 工具类 SaaS

现在市场上很多 To B 企业都选择研发工具类 SaaS,此类 SaaS 能够为客户提供提高管理效率、优化管理效果的工具。工具类 SaaS 有很多优势，例如，可以按年续费、帮助客户节省运营成本等。在我国，工具类 SaaS 发展得比较不错，云化趋势是 To B 企业应该关注的重点。

如果 To B 企业想通过工具类 SaaS 获得盈利，就要不断提升自己的技术和软件工程能力，重视技术创新，在专业领域打磨产品，逐步提升服务效果，充分实现自己的商业价值。现在我国的商业环境越来越成熟，很多客户都有提高管理效率和运营效率的需求，这为想入局工具类 SaaS 的 To B 企业提供了非常好的机会，可以促使其积极进行转型升级。

未来，工具类 SaaS 会进入稳步发展阶段，主营此类业务的 To B 企业有机会每年增长 20％～50％的效益，因此，对于 To B 企业来说，专注工具类 SaaS 是一个非常不错的选择。

2. 商业类 SaaS

与工具类 SaaS 相比，商业类 SaaS 除了可以提高管理效率、优化管理效果外，还可以为客户创造新的营收项目。从目标上来看，工具类 SaaS 的目标是帮助客户节省成本，而商业类 SaaS 的目标则是让客户获得更丰厚的盈利。

目前比较主流的商业类 SaaS 包括以下几种：

（1）为客户提供金融服务。有些 To B 企业获得了客户授权，为金融机构提供授权信息，并因此向金融机构收取一定的费用。未来，此种商业类 SaaS 会有更完善、成熟的盈利模式，例如研发 SaaS 平台为金融机构做风控管理等。

（2）为客户供货。目前我国已经有 To B 企业通过将商业类 SaaS 融入供应链，为供应链上下游供货。例如，美团就一直朝着这个方向努力。未来，如果美团可以拥有足够多的餐饮 SaaS 系统，那么美团快驴（美团旗下的进货平台）的价值也会比现在大。

（3）为客户提供决策及运营信息。如果客户只拥有自己内部的信息，那只能做内部报表。如果 To B 企业能够在获得授权的情况下为这些客户提供行业整体情况、产品地域分布、竞争对手发展现状等外部信息，就可以向其收取费用，从而使信息产生更大的价值。

（4）产业物联网。商业类 SaaS 可能参与某些行业或领域的产业物联网改造，而这些改造需要数据或 IT 技术。现在有些 To B 企业为想转型升级的客户提供数据或 IT 技术，帮助其实现供应链改造及价值链改造。

想入局商业类 SaaS 的 To B 企业必须有一定的行业资源和行业认知，同时还要在整合数据和提高技术能力的基础上帮助客户实现收益增长，为客户创造更有价值的盈利机会。

1.6　钉钉：从社交到企业的 SaaS 入口

经过几年的探索，从大起到大落，再到如今的逐渐回暖，我国的 To B 企业正在慢慢走向正轨。对于 To B 企业来说，当务之急是立足客户的实际需求研发产品，调整自己的发展战略，不断提升自身竞争力，在这一点上，移动办公应用钉钉就做得非常不错。

钉钉是在被称为"阿里巴巴圣地"的湖畔花园孵化出来的，其团队是以支付宝前端工程师为首的一批阿里巴巴优秀的工程师，他们在前期不断进行调研以完成研发工作。钉钉一开始的推广过程并不顺利，因为大型企业基本都有自己的 IT 管理系统,对于钉钉的需求度并不高,所以其团队将目标客户定为中小型企业。

但当时许多企业都缺乏使用专业移动办公应用的意识,没有 IT 管理系统的中小型企业基本上都是依靠 QQ、微信、邮件这样的普通社交方式进行沟通的。因此,钉钉团队拜访了很多家中小型企业,但都以失败告终。

就在钉钉团队想要放弃的时候,他们遇到了钉钉的第一个客户——康帕斯。康帕斯主营电脑销售,当时有七八十名员工,而且正准备进一步发展,但管理和沟通问题成为康帕斯 CEO 最头疼的问题。因为企业规模在不断扩大,而沟通方式却涉及 QQ、微信、邮件等几种方式,企业很难进行有效管理,所以必须尽快找到统一的沟通协作应用。

康帕斯在一开始想要斥资购买专业的 IT 管理系统,钉钉负责人当即表示愿意为康帕斯提供免费的沟通协作应用,双方一拍即合。在此之前,虽然钉钉团队做过很多调研,但都没有真正深入企业内部,这次机会对钉钉的后续发展影响颇深。

在与康帕斯展开合作之后,钉钉团队仔细研究了中小型企业的运作模式,有针对性地在钉钉中提供了解决方案。经过数年的打磨,钉钉逐渐趋于成熟,从DING 功能到日志功能,再到各种审批流程的建立,让许多企业都能享受此种管理模式带来的便利。

为了更好地适应时代发展,钉钉还发布了"C＋＋战略",宣布自己将从一个服务于广大企业的 To B 社交产品,变身为 SaaS 软件聚合平台。目前钉钉已经向多家业界颇具影响力的企业授牌,如和创、蓝凌、泛微等。

在 SaaS 服务方面,钉钉涉及的领域非常广泛,包括但不限于 CRM、ERP(Enterprise Resource Planning,企业资源计划)、OA(Office Automation,办公

自动化)、财务管理、协同办公、云存储、进销存管理等。

　　未来，越来越多的客户会加入，共同繁荣 SaaS 市场。To B 企业想要获得成功，就应该像钉钉团队那样用心做产品，使产品更好地满足客户的需求。另外，对于不断变化的市场形势，To B 企业也要及时调整发展战略，以便在竞争中占据优势地位。

1.7　有赞：全场景 SaaS 服务商

　　在整个 To B 市场中，除了有 Oracle(甲骨文公司)、SAP 思爱普公司等老牌服务商外，还有 Salesforce(现在服务公司)、Shopify(加拿大电子商务软件开发商)等后起之秀，它们的市值都在千亿美元以上。而在我国的 To B 市场中，规模比较大的 To B 企业就是用友网络，其市值大约为 170 亿美元。

　　To B 企业在市值、收入、影响力、知名度等方面有很大不同。随着 To B 市场的不断发展，有赞横空而出，成为市值超过百亿美元的 SaaS 服务商。这个消息让众多 To B 企业为之振奋，也意味着 SaaS 服务已经越来越受到重视，并开始进入一个全新的发展阶段。

　　有赞成立于 2012 年，靠为微商提供 SaaS 服务起家，目前已经是一家极具价值的上市公司，而且获得了腾讯的战略投资。有赞作为一个异军突起的 SaaS 服务商，其发展路径值得分析。

　　有赞的前身是口袋通(一个基于 SaaS 模式的、可以免费使用的社会化 CRM 系统)，其创始人曾经在阿里巴巴任职。在获得腾讯的投资后，有赞便把微信小程序平台作为核心，将自己定位为一个全行业、全场景、全渠道的 SaaS 产品。

不论是在线上还是在线下,有赞以满足客户的开店需求为目标,这也是其核心竞争力。有赞起家于淘宝等电商平台,在店铺页面设计方面很有优势,在素材组件、行业模板等领域更是积累了大量资源。在营销模式上,有赞瞄准传统零售场景,很受数字化水平比较低的中小型商家欢迎。有赞目前已经获得了支付牌照,可以实现不同电商平台的支付一体化。

在 To B 市场不断发展的当下,有赞凭借完善的 SaaS 模式成为电商领域的基础设施建设者,并持续在产品研发、技术引进等环节发力,有望实现业绩高速增长。未来,有赞将为商家提供更多增值服务,帮助商家打造竞争壁垒,使商家获得更多消费者的喜爱。

02

第 2 章

产品定位：一句话说清战略方向

大多数客户都只关注自己愿意关注的产品,而排斥那些与自己的消费偏好不相符的产品。基于此,To B 企业需要压缩信息,对产品进行定位,为产品塑造一个最能打动客户的形象。产品定位有利于让客户对产品有一个正确的认识,从而产生消费欲望和购买行动,可以说,产品定位是 To B 企业成功影响客户决定的关键。

2.1 STP 战略指导产品定位

STP 战略由三大要素组成:市场细分(Segmenting)、目标市场选择(Targeting)、定位(Positioning),这三大要素共同影响 To B 企业的产品设计与生产。借助该战略,To B 企业可以明确产品对应的市场,并以此为指导满足不同客户的需求,使客户认识到产品的独特优势,从而进一步提升客户价值和复购率,并实现高盈利。

在 To B 领域,产品没有独特性就很难获得成功,因为在客户心中,不同的产品应该代表其对应的特定事物。创造一个有竞争力的、差异化的定位需要 To B 企业深入了解客户的需求、综合实力等,同时 To B 企业还要具有创造性思维。

定位(Positioning)的关键是构建差异化,目的是使自己的产品在目标市场中占据独特位置，让客户对产品有更深刻的印象。

一个好的定位能够阐明产品的核心优势，并揭示产品如何以独特的方法满足客户的需求。在定位思维的指导下，To B 企业可以很好地优化产品战略，做出更有利于自身发展的决策。

对于 To B 企业来说，一个好的定位应该既要立足于现在，又要放眼于未来，换言之，To B 企业除了要了解自身实际情况外，还要有愿景，这样才有成长和改进的空间。定位的实用技巧是在目前是什么与未来可以是什么之间实现动态平衡。

如果 To B 企业有一个合适的定位，那就可以建立以客户为基础的价值主张，给客户一个购买产品的理由。在定位时，To B 企业要抓住产品的优势和核心卖点，并通过产品设计满足客户的需求，为客户提供相应的优质服务。

此外，To B 企业还应该帮助客户了解自己的产品和竞品的相似点和差异点。具体来说，To B 企业要掌握目标市场和其他竞争者的情况，构建定位框架，并基于此框架概括品牌精髓，在客户心中树立良好的形象，从而取得更长久的竞争优势。

2.2　聚焦客户的痛点问题

几乎所有 To B 企业都明白一个道理：如果想获得更多订单，就必须找到客户的痛点，深挖客户的需求，解决客户的问题。有了问题才会产生痛点，痛点足够明显才会产生需求，有了需求才会产生购买欲望，有了购买欲望才会产生订单。

一家优秀的 To B 企业，需要深入分析客户的痛点，找到开启客户心灵的钥匙。例如,传统支出管理面临很多痛点,包括预算难执行、费用不透明、报销效率低、数据不真实、报销体验差、垫资压力大等,分贝通以这些痛点为基础,打造了全新的"SaaS＋交易"模式。

在员工商旅用餐方面,分贝通可以实现一站式多场景消费,帮助客户统一进行支付;在办公采购方面,分贝通可以统一管理采购费用,并完成采购费用的整合支付;在补助福利方面,分贝通可以定时、定向发放分贝券,而且是全额开票;在备用金方面,分贝通联合银行为员工发放虚拟卡,满足备用金的线上管理需求;在对公付款方面,分贝通与众邦银行、中信银行等第三方机构合作,为客户提供高效的对公付款业务。

分析客户痛点的方式有很多,如传统的调查问卷、网络平台收集等,但最有效的还是对客户进行深入观察,和客户深度交流,收集并整理第一手的真实数据。此外,随着微博、微信等社交产品的火爆,这些平台每天都会产生大量数据,To B 企业也可以利用这些数据对客户的需求进行分析与研判。

在知道客户的需求后,To B 企业便可以采用指出客户现有痛点与激发客户需求两种策略。例如客户很苦恼操作平台卡顿,此时销售 SaaS 平台的 To B 企业便可以向客户讲述操作卡顿会有哪些不便之处,这即是指出客户的现有痛点来激发客户的购买欲望。同时,To B 企业还可以向客户说明自己的 SaaS 平台的优点(例如,操作流畅、便捷,能够带来更多流量等),以激发客户的需求,促使其购买。

一项心理学研究表明,"痛苦的驱动力会比快乐的驱动力更大",因为这会让人们迫切想要改善现状。因此,To B 企业可以主动指出客户的痛点,让客户产生共情,激发客户的欲望,促使客户下订单。那么,To B 企业应该如何寻找客户的痛点呢? 有以下两种方法。

1. 横向寻找

如果竞争对手的产品已经满足客户在某个阶段的需求，那么 To B 企业可以从其他阶段入手寻找客户的痛点。

2. 纵向寻找

在同一个过程中，寻找阻碍客户使用产品的最关键痛点。此时 To B 企业需要先找出影响客户使用产品的全部因素，然后研究什么因素是影响其使用产品的最大阻碍。To B 企业一旦找准这个阻碍，就可以帮助客户解决痛点，研发出受客户欢迎的产品。

2.3 进入一个细分领域

迎着 SaaS 时代的东风，百度、阿里巴巴、腾讯三大互联网巨头纷纷在 To B 领域进行 SaaS 布局，而其他互联网企业也没有停下脚步，例如美团就持续在 To B 和 SaaS 方面加码：推出了餐饮开放平台；和餐饮 ERP 服务商共建餐饮生态系统；对外发布了 SaaS 开放平台。通过这些举措，To B 和 SaaS 俨然成为美团获得利润的主要方向。

但巨头的入局并不意味着创业机会丧失。首先，SaaS 市场，尤其是 To B 领域的 SaaS 市场前景非常广阔，蛋糕可以做得更大，而且缺少一个像阿里巴巴、百度、腾讯那样的巨头；其次，我国的企业有数量繁多、层次复杂的特点，需要不同种类的产品去满足这些企业的需求。

对于 To B 企业来说，开拓细分领域十分重要，因为巨头往往比较注重平台和生态系统,虽然其掌握的资源较多,但其在很多细分领域不一定比小型 To B 企业做得好。例如,阿里巴巴的钉钉,覆盖面极广,很多功能也都是免费的,却很难满足更专业和深入的需求。由此可见,创业者在 To B 领域进行 SaaS 创业还是有机会和巨头抗衡的。

探迹科技便是专注于智能销售预测的代表性 To B 企业,其所切入的细分领域是企业的获客需求,即通过提供从线索挖掘、商机触达、客户管理到成单分析的全流程销售解决方案,帮助企业实现吸引更多客户、提高销售效率、节省人工成本的目标。

但创业者也要适当地规避在较基础的服务方面和巨头展开正面抗衡,因为较基础的服务更多是比拼可投入资源的多少,而小型 To B 企业在这方面没有优势,很容易被巨头击垮。总之,对于想要入局的新手来说,最重要的还是进行细分领域的纵深发展,基础服务可以适当地进行让渡。

2.4 与竞品相比,为什么需要你

在 To B 领域,一件产品要想比竞品更受欢迎,就要有无可替代的优势。实践证明,对于 To B 企业来说,率先推出有优势的产品,能够建立更大的竞争优势。

产品的优势主要是指竞品代替不了的部分,例如产品的独家核心技术。举例来说,某巨头旗下的 SaaS 系统因为有核心技术,其他同类 SaaS 系统难以取代它,所以某巨头的 SaaS 系统能够在市场上立于不败之地。那么,To B 企业应该如何打造产品的优势呢? 方法如图 2-1 所示。

提高经营技术的能力

提高全产业链服务能力

提高经营无形资产的能力

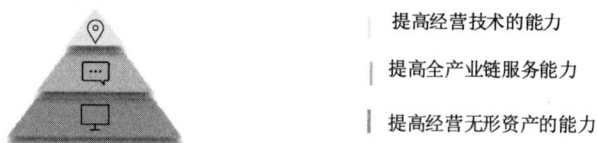

图 2-1　为产品打造优势的方法

1. 提高经营技术的能力

积极进行技术创新是拥有核心技术的最好方法之一，这就要求 To B 企业必须抓住自身优势，全力打造技术竞争力。一方面，To B 企业要提高技术水平，以技术研发为核心，并大力引进和培养技术人才；另一方面，To B 企业要用好技术，推进技术创新，将技术融入产品开发全流程，并通过技术降低成本、增加盈利。

2. 提高全产业链服务能力

全产业链服务能力是当前很多 To B 企业需要补齐的短板，提高全产业链服务能力能够提升产品在市场中脱颖而出的概率。To B 企业要大力引进人才，通过信息与资源共享等方式，助力员工研发出具有全产业链服务能力的产品。

3. 提高经营无形资产的能力

平台优势是 To B 企业的无形资产，也是 To B 企业参与市场竞争的重要武器。To B 企业不仅要具备全产业链服务能力，更要学会草船借箭，利用好这些无形资产，通过发挥平台优势去挖掘更大的市场。

独具个性的优势和得天独厚的先天条件可以让产品在众多竞品中脱颖而

出。此外，To B 企业也要让自己的产品有独特的市场定位和完备的运营策略，同时还应该善于因势利导，利用明星效应促进产品的宣传和推广，以便扩大产品的知名度和影响力，使客户对产品有更深刻的印象。

2.5　在陪伴式服务中构建差异化竞争力

与传统软件相比，SaaS 的不同之处更多体现在服务方面。越来越多 To B 企业意识到，SaaS 产品的交付拓展了自己服务客户的新机会。早期，客户对 SaaS 服务的需求集中在解决产品使用过程中各项功能性问题上，但随着规模不断扩张，客户会衍生出更多业务场景，标准化的 SaaS 服务有时无法覆盖这些业务场景的全部需求。

而且，随着客户量的持续增加，To B 企业天然具备对这些客户的共性需求进行第三方配套服务的优势。所以从客户角度来看，其对 To B 企业有以下两种需求：

(1)与软件产品强相关的部署及使用服务；

(2)产品功能以外的全生命周期业务关联服务(包括业务咨询服务和资源采购服务等)。

上述服务可以归结为陪伴式服务，此类服务往往是要单独收费的，这就能够帮助 To B 企业转换盈利结构，走出 SaaS 产品前期成本回收较慢的困境。因此，SaaS 领域的新创业者可以在陪伴式服务中构建自身的差异化竞争力，从而在市场中站稳脚跟。

2.6　坚果云：企业网盘引领云存储新变革

坚果云是我国第一批提供云存储服务的 To B 企业，目前已经与中国石油、中国海油、银河证券、临港集团等客户达成了深度合作。坚果云之所以会受到诸多客户的支持和认可，一个非常重要的原因是与市面上其他网盘服务商相比，其在很多方面都有优势。

1. 技术研发能力强

坚果云作为一个影响力极强的网盘产品，可以在 Windows、macOS、Linux、iOS、Android、Windows Phone、Web 网页端运行，真正实现跨平台无感化的数据同步。为了打造互联网生态，坚果云研发了独有的核心技术，研发能力在业内首屈一指。例如，借助云计算、人工智能、物联网、5G 等技术，客户在修改文档时，可以只上传需要修改的部分，而且修改后的文档只需要再次点击即可打开浏览，无须耗费很长的等待时间，既省时又省力。

2. 创新储存模式

与其他网盘服务商不同，坚果云推出了"空间成长计划"，在储存模式上进行了创新。大多数网盘服务商都是以储存空间收费的，而且不同等级的客户，储存空间是不同的。这样就出现了一个问题：当数据量突破储存空间限制时，客户必须删除旧数据来储存新数据。

坚果云的"空间成长计划"可以解决这个问题。坚果云的客户起初都可以获得相应规模的存储空间，而随着客户使用时间越来越长，储存空间也会扩大，以帮助客户储存更多数据。例如,订阅了坚果云专业版软件的客户起初可以获得 30 GB 的储存空间,之后储存空间会在 30 GB 的基础上每月增加 1 GB。这样客户就不用为了储存新数据而不得不删除旧数据。

3. 安全性强,对数据进行严格把关

坚果云使用了安全性很强的 AES(Advanced Encryption Standard,对称分组加密)技术,严格为客户的数据安全把关。坚果云对所有数据都进行加密传输,包括 PC 客户端、网页端、手机客户端的数据。坚果云与网盘加密商 Box-cryptor 合作,推出了对特定文件夹进行二次加密的功能,通过双层加密的方式更好地保护了客户的重要数据,使客户在使用产品时可以更放心。

随着坚果云等一批新型 To B 企业的出现,SaaS 服务突飞猛进,受到了国内外资本的关注。当然,这也意味着市场竞争渐趋激烈,此时 To B 企业应该将提升产品质量作为立足之本。坚果云已经在 SaaS 领域深耕多年,从创立之初便将为客户提供更好的产品作为宗旨,将让客户更安全作为目标与使命。当然,这也是坚果云能够受到客户认可的重要原因。

03

第 3 章

客户识别：精确描绘客户特征

客户识别的关键点是挖掘并满足客户的需求,即把客户作为主要调查研究对象,分析他们对产品的需求,根据这些需求进行产品开发。To B 企业应该将客户最主要、最迫切的需求作为产品的核心卖点,这样有利于产品更容易被客户认可和接受。

3.1　绘制一幅精准的客户画像

很多经营 SaaS 服务的 To B 企业都在苦苦寻找迎合客户喜好的方法。随着科技发展与社会进步,大数据的出现为他们提供了解决方法——构建客户画像能够帮助他们更好地了解客户,为客户提供差异化的 SaaS 服务。

很多 To B 企业在研究 SaaS 服务时会感觉 B 端的客户画像十分抽象,因为客户都是企业群体,难以归类在一起,但其实即便是为企业群体绘制客户画像,也有普遍的共性。通常客户画像可以按照企业规模、采购数量、盈利情况等众多因素分类,然后结合企业特有的标签对其整体情况进行分析和研究,最终得出与众不同的客户画像。

下面是绘制客户画像的步骤。

1. 信息获取搜集

To B 企业需要先初步获得客户信息中的共性要素，明确大致的设计目标与范围。共性要素包括公司关键决策人的信息、组织的人员架构、客户的基本业务、业务的整体架构等，To B 企业可以从公司文档、后台数据、同行交流、付费行业报告等渠道获得这些信息。

2. 客户调研，丰富单个客户信息

有了基本信息后，To B 企业需要对个别客户的信息进行丰富，深入挖掘客户需求，从而完善客户画像。对此，To B 企业可以通过客户访谈、问卷调查、专家访问等形式获取这部分信息。

3. 筛选和整合信息，综合为客户画像

To B 企业需要把所有收集到的信息进行汇总，然后进行筛选整合，找出客户的共性特征，得出客户画像。对于一些重复性不高的特征，To B 企业可以将其划归个性化特征中，客户画像只保留一些重复的共性特征即可。

To B 企业通过一幅精准的客户画像，可以了解客户的特点和偏好、常用媒介、购买流程等关键信息，从而明确业务方向、调整营销内容、开展产品迭代和服务优化等工作，以便更好地适应市场，摆脱广撒网却捞不到鱼的困境。

3.2　以客户需求为基础设计产品

对于 To B 企业而言，每个客户的经营状况、组织架构等都存在很大差异，

所以他们的需求也会存在差异,这就要求 To B 企业为每个客户提供有针对性的解决方案,这样才能提高客户留存的概率。

那么,To B 企业可以通过哪些渠道来了解客户需求呢?

(1)客户定制的 SaaS 产品可以直接展示其需求。To B 企业在对接客户的定制需求时,可以将不同需求汇总分析,按照行业、规模、功能等找到这些特殊需求的共性,将这些共性融入产品,从而使产品能够满足尽可能多客户的需求。

(2)无论 B 端市场还是 C 端市场,都存在竞争。To B 企业可以通过分析竞品,例如分析竞品的功能规划、产品架构、最新功能等,了解客户不选择自己而选择竞品的原因,而这个原因就是客户需求,也是 To B 企业需要改进的方向。对于 To B 企业来说,进行竞品分析可以了解没有合作过的客户需求,从而把握行业主要目标群体的需求。

(3)To B 企业要关注 SaaS 行业的最新动态,了解与 SaaS 相关的最新技术趋势。这样可以从行业角度了解客户的真实需求,及时发现技术应用的关键需求场景,及时调整某些不合理或多余的功能。

3.3　了解客户刚需是重中之重

其实包括 SaaS 产品在内的所有产品,最终的检验标准都是客户是否喜欢、是否愿意购买并使用。只有产品瞄准客户痛点、解决客户面临的问题、能够为客户带来核心价值,才可能受到客户的热爱与追捧,要达到这一目的,了解客户刚需是重中之重。

在研发产品时,To B 企业要确保产品能够满足客户刚需,而且产品的使用场景尽量是高频场景。另外,能够瞄准客户刚需的产品大多是低同质化产品,此类产品相比于竞品来说会更有吸引力。至于为什么要了解客户刚需,这里用一个图片进行解释,如图 3-1 所示。

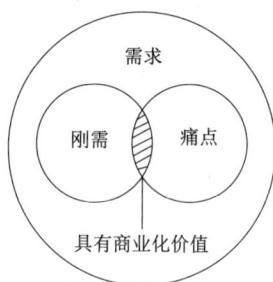

图 3-1　为什么要了解客户刚需

由上图可知,站在 To B 企业的角度,产品的设计方案必须针对客户的刚需和痛点,这也是产品的价值核心,其中,刚需和痛点的交界地带最具商业价值。To B 企业是否真的找到客户刚需,是非常值得考虑的事情。在移动互联时代,一家创业型 To B 企业如果不能够满足客户刚需,最终的结果很可能是竹篮打水一场空。

瞄准客户刚需的最佳方法之一是进行客户调查。现在许多 To B 企业在进行产品设计时,会忽略客户的需求,导致产品被设计出来后不被客户喜欢和认可。因此,To B 企业在研发任何产品前,都要进行详细的调查,找到客户真正的刚需与痛点。

To B 企业几乎不可能在一开始就使客户对产品有高度的依赖。在早期阶段,To B 企业应该做的是让客户感受到产品的核心价值,即让客户感受到产品是物超所值的。在这之后,To B 企业还要打磨产品细节与交互体验,使产品精致且富有吸引力。

但在早期阶段,有些 To B 企业会过度关注实际操作者、管理者、采购决策者等的实际需要,而忽视产品价值的可视化、立体化呈现。关注客户的实际需要很重要,但产品价值的体现也很重要,产品价值是客户需要的一种体现,将产品价值可视化、立体化呈现出来能够更好地吸引客户。

总而言之,To B 企业要站在客户的角度发现并解决问题,用心去倾听客户内心的声音并寻找其核心需求,解决其痛点。只有这样,To B 企业设计的产品对客户才有价值,才能够给客户带来惊喜,才能让客户成为产品的忠实粉丝。

3.4 精简、提炼客户需求

通过采集得到的客户需求往往是泛泛的,无法直接应用于产品设计和迭代,为了更好地了解客户,研发团队需要进一步提炼、概括客户的需求,以将得到的数据用于辅助产品的研发。小张是一家科技型 SaaS 企业的创始人,他的 To B 企业主要做 SaaS 营销服务平台,为零售行业提供数字化营销解决方案,辅助传统零售门店进行营销推广。

然而,在进行产品迭代时,小张遇到了困难:客户需求繁杂,找不到产品升级的突破点。反复试错并遭遇困境后,他决定召开一次客户需求讨论会,把负责市场和产品研发的员工都召集起来,重新梳理客户需求。

根据传统零售门店拉新、促活、转化三个方面的业务重点,小张决定从会员积分功能、定制化游戏运营、完善社交关系链三个方面升级产品,以提高传统零售门店的客户触达效率及活跃度,更好地帮助门店留存客户,解决实体门店获客成本高的问题。

小张的团队是通过以下方法精简、提炼客户需求的,如图 3-2 所示。

图 3-2　精简、提炼客户需求的方法

1. 市场调研

小张的团队在收集客户需求的同时，还通过第三方发布的需求数据或行业数据报告，分析整个行业的市场需求，之后，再与收集的客户需求进行对比，从而提炼出最迫切的客户需求。

2. 需求处理

小张的团队将所有收集到的客户需求集中起来，然后进行一些后续处理工作。首先，进行需求筛选，舍弃未正确填写的无效需求；其次，进行需求整合，把各种需求进行归类，对现行产品的满意情况、产品出现的问题以及客户需求的反馈等信息进行整合；最后，把整理好的需求进行优先级排序，明确哪些需求需要第一时间处理，哪些是客户最普遍的需求。经过层层筛选和提炼，小张的团队得到了最核心的客户需求。

3. 会议讨论

小张的团队还从目标客户群中挑选了一些有代表性的客户，并邀请了一些业界专家，通过座谈会的方式让他们对产品发表意见。小张没有在会议中设置专业性问题，而是就传统零售门店营销的现实状况进行讨论，整个会议的氛围非

31

常自由,大家畅所欲言,产品研发团队从中得到了最真实的客户反馈信息。

4. 竞品分析

小张的团队还就市场中的同类产品进行了分析,对市场上同类产品的功能设计以及客户体验进行了调查,以进一步提炼客户需求。

另外,小张的团队还把竞争对手的产品与自己的产品进行了对比,列出了优劣势。研发团队在产品的设计、功能、客户体验、运营方式上取长补短,进一步缩短了研发、改进产品的时间,加速了新产品的研发。

5. 客户的想法

小张的团队在完成产品升级后,还进行了小范围的内部测试。他们免费为老客户升级,将客户的反馈与团队得出的客户需求对比,然后对新产品的功能进行相应删减和优化。

3.5　验证客户需求的真实性

当团队完成对客户需求的收集和提炼后,下一步就是验证客户需求的真实性,即确定团队得出的客户需求是否是客户真实的需求,能否以此为依据持续投入研发,从而真正解决客户的问题。团队在验证客户需求的过程中,要注意以下几点:

1. 不要被既有方式束缚

很多人认为 To B 企业一定要设置销售岗位,这样才能保证业务线完整,但其实 B 端的客户更重视产品质量和企业可信度，以此降低采购风险。

Atlassian（艾特莱森，澳大利亚软件公司）就是一家没有销售人员的企业，它将销售过程转变为 B2P（Business To Person，企业对个人），即让客户自己找上门来，而不是让销售人员主动去寻找客户。

Atlassian 将重心放在建立口碑上，借助好的口碑，Atlassian 可以在没有销售人员的情况下让客户口口相传，从而实现精准引流，而且 Atlassian 的很多客户都是世界 500 强的企业。

2. 从客户角度出发思考问题

企业想把产品做好，就要把自己代入客户的立场，站在客户的角度思考问题，否则产品只会本末倒置。例如，某产品研发部为了产品外观漂亮，把路由器的天线做成了内置的，但是这样路由器的信号就会稍微差一些，而客户买路由器首先考虑的就是信号问题，而并非外观，显然这个路由器的设计就没有站在客户的角度考虑问题。

3. 推出测试产品

某品牌手机就是通过精益迭代来验证客户需求的。它刚开始在网上卖手机时，曾做了三天的测试，测试内容很简单：每天只卖 200 部手机，结果发现市场销量很好。每天限定 200 部手机进行销售，是此类营销的起点，也正是这一模式牢牢地吸引了客户的目光。

所以，企业刚推出产品的时候，可以先拿一个简单的初始版本，来验证客户需求，测试客户的接受程度和市场大小。

4. 考虑客户使用的场景

结合客户使用场景,满足客户需求,有利于提升客户的使用体验。

某游戏的 CEO 最开始做了一款名为"赛艇小游"的移动端游戏,起初游戏界面的左边是一个虚拟摇杆,负责人物移动;右边是技能释放的按键,负责攻击。客户体验之后没有快感,一直按键手会酸,所以这款游戏最终失败。经过客户使用反馈,他发现产品没有充分考虑手机游戏触屏的特点。

客户使用场景的不同,是导致产品能否受欢迎的一个重要原因。为了验证客户需求,企业需要考虑各种客户不同的使用场景。

3.6 厘清需求价值,判断需求优先级

To B 企业每天都会面对不同客户各种各样的需求,而且他们的需求经常变更。面对如此大量的需求,To B 企业应该考虑好关键问题:先满足哪个需求,再满足哪个需求。在 SaaS 创业实践中,客户的需求通常可以分为以下两类:

(1)战略价值型需求。这类需求往往从战略视角入手,是在每个落地阶段规划出来的基础性需求,其优先级通常是按照 To B 企业的整体规划分配。

(2)功能性需求。一般来说,如果功能性需求不是太多、太复杂,那就可以由产品经理基于客户的使用场景及其与核心功能体验路径的相关度进行紧急和重要程度的判断,然后提交产品总监进行复核;对于产品总监也难以把握的功能性需求,则提交给 CTO 进行决策。

对于功能性需求,在很多比较复杂的情况下,我们往往需要使用需求评分卡,通过一个相对客观的评分机制解决需求优先级问题。众所周知,需求优先级

决策是基于对比而做出的，所以我们首先应该把不同的选择放到相同的维度进行评判，这样才具有可比性。

例如，当我们面向客户进行调研时，发现了两个功能特性 A 和 B。如果从客户满意度角度看，A 可以得 10 分，B 只能得 5 分；而如果从投入成本角度看，A 需要 100 元，B 只需要 1 元。此时究竟是选 A 还是选 B 呢？我们必须综合考虑这两大因素才可以得出更精准的答案。

可见，需求优先级决策受组合因素影响，不考虑投入成本及其他因素的、单纯的极致客户体验是不存在的。

如果要使用需求评分卡，那么我们首先要提炼出决策的维度，如需求紧急度、所在场景的重要性、核心路径相关度、需求价值度、实现代价等，并给出各个维度、多个级别的评判标准；其次，在评分环节，我们要确定不同维度由哪些角色参与评分，以及评分者的权重是多少；最后，我们要根据评分结果进行需求优先级的排序。

需求评分卡可以发挥作用往往取决于两个方面：一个是与决策相关的背景信息能够充分共享；另一个是评价维度和评分等级设计必须合理。

需求不是一成不变的，而是一直处在动态变化过程中的，而且，与客户及其需求相关的各种数据也在不断发生变化。因此，即使已经确定了需求优先级，To B 企业也要根据实际情况及时做出相应的调整，并尽力满足优先级最高的需求。

04

第 4 章

产品设计：为客户提供最佳解决方案

如果 To B 企业想让客户在使用产品时有更优质的体验,那就必须重视产品设计,尽自己所能为客户提供最佳解决方案。优秀的产品通常容易操作又方便、实用,从而能够提高客户对产品的依赖性。

4.1 功能需要满足所有角色场景下的需求

很多 To B 企业在设计产品时要基于回归场景的前提,将线下已经出现的需求系统化。To B 企业要想设计出客户喜欢的产品,首先要考虑的重要因素之一就是场景,对于 To B 企业来说,场景不仅有利于优化产品设计,还有利于提升产品质量。

我们可以想象一个场景:某人马上就要迟到,但他的指纹在打卡机上却一直识别失败,迟迟打不上卡。专门为广大公司设计的打卡 App"完美工时"就充分考虑了这一场景,员工只要打开程序,看到的就是打卡页面,操作起来非常简单,如图 4-1 所示。

To B 企业在设计产品前要分析客户使用产品的场景,确保产品的功能可以满足客户在不同场景下的需求。如果产品的某个功能没有贴合场景,那么这个产品就不算完整,甚至很可能对其他功能的正常使用造成影响。

图 4-1 "完美工时"的打卡页面

　　以"完美访客"小程序为例，来访人员可以扫码登记，公司的管理员可以生成访客码，还可以添加子管理员协助进行来访人员统计，这个小程序以 SaaS 模式为基础，虽然操作非常简单，但能满足客户在很多场景下的需求，可谓麻雀虽小，五脏俱全。

　　综合来看，在产品设计阶段，To B 企业一定要做好场景分析，设法提升产品的使用价值和商业价值，同时要考虑客户在不同场景下的需求，确保产品设计出来是符合这些需求的。

4.2 低耦合，高内聚

有些 To B 企业在设计 SaaS 产品时，认为功能越多越好，其实繁杂的功能很可能让客户眼花缭乱，不能准确、快速地选择自己需要的功能。当客户无法很快找到自己需要的功能时，也许就会对产品失去耐心与兴趣，从而放弃使用。

所以，To B 企业应该坚持以低耦合、高内聚的原则设计产品，对一些重复或不必要的功能进行合并与删减，这样不仅能够使产品的功能按键减少，简化实际的操作步骤，还可以更好地满足客户的需求，留住更多的客户。

下面介绍 To B 企业在设计产品时应如何实现低耦合、高内聚，方法如图 4-2 所示。

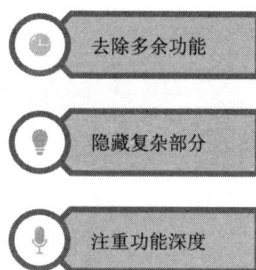

图 4-2　实现低耦合、高内聚的方法

1. 去除多余功能

SaaS 领域经常会出现产品功能增加、客户满意度反而降低的情况。因为如果产品的功能过多，而且还有一些多余功能，就很可能降低客户在使用产品时的流畅度和客户对产品核心功能的关注度。

2. 隐藏复杂部分

如果产品的某个复杂功能必须留下，那么 To B 企业不妨选择将其隐藏。通常一个复杂功能往往会比一个简洁功能占据更大的屏幕空间，因此，To B 企业要想让产品更简便，就应该选择将一些不常用的功能隐藏起来，确保常用的核心功能在最显眼的位置。

3. 注重功能深度

优秀的 To B 企业在设计功能时，会特别注重功能的深度，不会用一些表面的肤浅功能应付客户。例如，企业微信立足各大企业的需求，研发出健康上报、公费电话、微盘、企业邮箱、打卡、审批、同事吧等极具深度的功能，获得了市场和客户的深度好评，如图 4-3 所示。

图 4-3　企业微信的诸多功能

综上所述，To B 企业在设计产品时，需要注重其功能，不要在没打磨好一项功能前，就去研发另一项功能，这样客户不仅不能对产品的核心功能有足够充分的了解，还会分散他们对产品的注意力，起到负面作用，不利于产品的推广和销售。

4.3　产品紧跟时代潮流

To B 企业的最终目的是要帮助客户解决问题，想要开发出能够达成这一目标的产品就必须紧跟时代潮流，找到适合产品的应用场景和技术，其中，应用场景是基础，技术是手段。现在很多 To B 企业在开发产品时只一味地关注技术，却不知道应用场景也是应该关注的重点，因为客户的很多需求都是在应用场景中体现出来的。

在开发产品时，To B 企业应该做到三点：第一，快速了解客户的业务，为产品的设计提供支持；第二，利用技术赋能业务，并构建出相对应的产品；第三，让产品在实际的应用场景中落地，根据发现的问题对产品进行调整和改进。

总而言之，To B 企业对客户的业务和场景越了解，开发出来的产品就越合理。目前，很多家巨头虽然已经开始进行 To B 布局，但由于细分领域过多，巨头对细分领域的场景难以深入，所以很难出现 To C 市场的那种风光局面。To B 企业的目标群体是公司，需要为公司提供精细化、专业化的服务。因此，To B 企业要对自己所涉及的领域进行深耕，确保产品高度契合客户的业务，这也为创业者进行 SaaS 创业提供了绝佳机会。

京东数科一直将技术和场景应用相结合视为一个非常重要的突破战略，其核心能力体现在大数据、人工智能、物联网等方面，其中，大数据是实现产业数字化的数据基础设施；人工智能则是产业智能化的技术基础设施；物联网则是实现物理世界向虚拟世界映射的关键技术，是实现产业数字化的技术基础设施。这些技术不是独立存在的，通常必须依托于场景需求，即每个场景背后都有一个或者多个技术支撑。

例如，目前京东数科的智能解决方案已经进入养殖场景，通过整合神农大脑（AI）、神农物联网设备（IoT）和神农系统（SaaS），独创养殖巡检机器人、饲喂机器人、3D农业级摄像头、伸缩式半限位猪栏等先进设备，并应用猪脸识别、声纹识别、视觉估重等技术，实现了养殖场内实时监测、精准饲喂、智能环控等功能。

不仅如此，京东数科也创新性地针对奶牛养殖部署了智能项圈、智能监测站、实时监测网、智能喷淋系统等设备与系统。在完成部署后，首农畜牧的4个奶牛场可以全面实现牛只管理、人员管理、圈舍管理的数字化、智能化和互联网化，其中包括了精准饲喂、疾病监测、点数估重、任务分配、育种管理等各项环节。

同时，京东数科还在尝试打造农牧产品活体销售平台、数字农业物联网平台、养殖大数据平台等，并联合京东商城、京东物流等京东生态，服务养殖业全产业链的各环节，完善养殖业相关的产业服务体系。

To B 企业需要的不是单一的技术，而是互联网、大数据、人工智能、物联网、5G 等大量技术的集成，只有这样才可以实现相应的创新。同时，这些技术必须与客户的业务结合在一起，满足客户的应用场景，才能够将技术融合于产品，从而实现落地。

4.4　设计逻辑要环环相扣

产品设计不仅是一种对美的追求，更是一种思维方式，因此，产品设计的逻辑不容小觑。To B 企业在设计产品时要做到设计逻辑环环相扣，具体可以参考图 4-4 的方法。

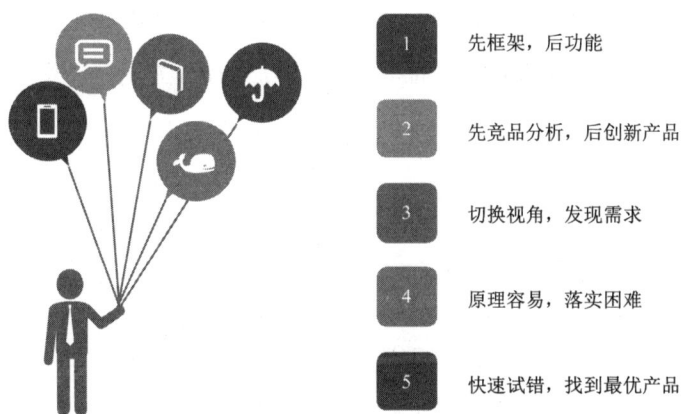

图 4-4　设计逻辑环环相扣的方法

1　先框架，后功能

2　先竞品分析，后创新产品

3　切换视角，发现需求

4　原理容易，落实困难

5　快速试错，找到最优产品

1. 先框架，后功能

在产品设计早期，To B 企业要先确定产品定位和设计框架，也就是明确产品的核心竞争力，不要落入功能细节设计的陷阱，要有整体思维，根据设计框架进行缜密思考。

2. 先竞品分析，后创新产品

每个产品都有自己的成长轨迹，所以产品设计前期一般会进行竞品分析。

竞品分析是在研究对方产品的设计框架、逻辑和目标群体之后，做出的整体性分析。To B 企业要切记，竞品分析是为了在吸收竞品优点的前提下进行产品创新。在实践中，To B 企业必须找到自己的产品和竞品之间的差异，而不是复制竞品的所有功能。

3. 切换视角，发现需求

To B 企业在设计产品时不可以闭门造车，只想着功能和原型设计，而是需要时常切换到客户视角去研究产品，并进行客户访谈，关注客户反馈，整理好客户的意见。To B 企业还可以根据客户的基本标签和关键标签绘制标准客户画像，并持续地优化这个画像。

4. 原理容易，落实困难

产品设计的底层理念比较好理解，但落实起来非常困难。To B 企业面对的问题通常是如何实现产品的功能，这些功能是要经过大量的市场调研和客户分析，深入思考客户需求模型，才有可能设计出来的。所以，对于 To B 企业来说，只知道设计原理是不够的，还必须有大量的实践经验，并不断进行复盘。

5. 快速试错，找到最优产品

面对不确定的市场和不断变化的客户需求，To B 企业已经没有足够的时间完善所有功能，然后给客户一个最终版的解决方案，此时最好的开发模式是快速试错，对产品进行快速优化与功能调整，争取更高效地解决客户的痛点。

4.5 建立默认选择机制，降低使用难度

默认选择机制可以帮助客户更高效地做出选择，缩短客户耗费的时间，从而提升产品友好性。为了吸引受众，产品设计需要让客户有一种被关心、被理解、被共情的感觉。

更进一步说，在设计产品时，To B 企业要考虑客户的使用场景，这种默认选择机制正在成为未来一个重要的产品设计方向。下面是客户会使用默认选择机制的几种情况。

(1)当客户缺乏时间或经验做出明智选择时，默认选择机制是客户的不二选择。默认选择机制可以被称为经过检验的建议。在加入复杂功能时，首先，需要了解客户对该功能的熟悉程度。如果客户不熟悉该功能，则默认选择机制就能派上用场；其次，客户需要信赖产品提供的默认选择机制。如果客户不信赖这个机制，那它反而会影响客户对产品的使用。

(2)因为做任何决定都需要耗费精力，所以即便是熟悉的功能，客户也更愿意使用默认选择机制。但 To B 企业在设计产品时，对于默认选择机制，要考虑两种情况：一种是产品经理希望默认选择机制能够提升产品的使用体验，希望凭借默认选择机制减少客户判断和等待的时间；另一种是产品经理不希望客户使用默认选择机制，这种情况下，就不要给客户提供过多选项，否则既费时费力，也很可能让客户做出无效选择。

(3)有侧重点的默认选择机制可以帮助客户减少投入的精力，这里的精力指两种：第一种是专注于使用默认选项机制所耗费的精力；第二种是形成偏好的精力。形成偏好的精力是让默认选择机制变得重要的条件，它能帮助客户形成偏

好,而客户本身无须耗费额外精力。当客户需要完成一项长期且艰巨的任务时,默认选择机制可以帮助客户规划从任务 A 到任务 B 的最短路线,从而帮助客户节省很多时间和精力。

(4)如果默认选择机制能让客户感受到简便及与需求的高度契合,那就会让他们对产品产生依赖。人一旦拥有某件东西,那么他对该东西的评价要比未拥有之前高。有些客户会更多地依赖产品本身给出的默认选项,也希望自己可以通过默认选项享受服务。所以,To B 企业的产品经理需要更用心地为产品设计默认选项,让客户对产品爱不释手。

4.6 产品成熟后,做进阶性优化

当产品成熟后,如何对产品进行进阶性优化是 To B 企业需要思考的问题,图 4-5 是一些常用的方法。

图 4-5 进阶性优化产品的方法

1. 优化功能

首先,要提升功能曝光度,即努力让客户看到某个功能,并去确认这个功能是否适用于指定的场景,再确认这个功能是否还能获得更高的曝光度。

其次，要增加一些功能引导，例如气泡或红点等都是引起客户注意的方式，在合适的时刻，提示客户做合适的事情。

最后，可以调整入口页面的布局。入口页面的布局会起到引导作用，一个好的布局，应该简洁明了，帮助客户更方便、快捷地使用产品。

2. 吸引兴趣

当产品有多个不同的功能可以实现同样的目的时，To B 企业就需要制造差异，突出功能特点，让客户能快速地将自己的需求与相应的功能对应。此外，To B 企业要找到功能和客户之间的联系，投其所好。在任何时候，展示客户最感兴趣的内容才是最重要的，To B 企业需要做的是，确认功能是否能最大限度地吸引客户的兴趣。

3. 减少阻碍

客户可能无法快速熟练地使用产品，对此，To B 企业要减少客户使用过程中的阻碍，让其快速地适应产品。首先，优化产品使用过程，确保每个功能可以明确引导客户按照标注的步骤快速上手；其次，把一些功能放置在比较愉悦的场景中，减少客户使用的枯燥感，让其怀着愉快心情使用产品。

总之，To B 企业还是应该多考虑提升产品价值留住客户，不断进行产品的进阶性优化。

4.7　按照简单、实用的原则去迭代产品

简单、实用是迭代产品的硬道理，因为客户都喜欢用轻松的方式达成自己的

目的。简单、实用的产品能够减少客户的诸多麻烦，很容易获得客户的好感，这就要求 To B 企业在迭代产品时，遵循简单、实用的原则。产品的简单、实用具体体现在以下方面，如图 4-6 所示。

图 4-6　迭代产品的关键点

1. 简化产品的功能

调整功能是产品迭代的重要工作。多种多样的功能能够最大限度满足客户对产品的使用需求，但太多功能也会让客户感到压力，尤其在信息高速发展的时代，人们的注意力持续时间较短，如果产品的功能过于繁杂，就会导致学习成本过高，从而让客户产生焦虑心理。

所以，To B 企业在进行产品迭代时，还是应该将功能简化，只需要保留核心功能和特色功能，就能够满足客户对产品的需求了。

在 SaaS 创业实践中，我们往往会发现，在产品功能上做加法容易，但做减法很难。当功能丰富导致学习成本上升到一定程度时，产品设计人员一定要保持高度警惕，此时产品设计人员如果不对功能进行重构，确保各项功能的平衡，就可能带来反作用。

2. 缩短使用产品的时间

客户在使用产品时，需要耗费一定的时间，所以，如果 To B 企业在迭代产品时，能够将客户所耗费的时间进行压缩，就能够为产品增加竞争力，比较容易获得客户的好感。To B 企业需要将产品的核心竞争力较明显地展示出来，让客户在核心场景及核心使用路径上感受产品的流畅度和自然度，这样既有利于让客户了解产品交互能力的强大，又可以使客户更好地认识产品的特色。

3. 强调操作逻辑

产品想要具备简单、实用的特点，操作逻辑是非常重要的。完整、清晰的操作逻辑能够减少客户使用产品的步骤，让产品的使用体验更好，让客户在较短的时间内解决其实际问题。所以，在迭代产品时，To B 企业需要进一步优化产品的操作逻辑，让产品的交互功能变得更简单，从而获得更多客户的支持和喜爱。

4.8　云学堂：企业数字化学习解决方案服务商

学习新知识、适应新变化、成为复合型高级人才目前已经成为职场领域的核心话题。那么，在当下这个数字化时代，云计算、大数据、人工智能、物联网等技术能否为人才培养提供帮助呢？我们似乎可以从云学堂的发展中找到答案。

云学堂是一个为客户提供数字化学习解决方案的知名服务商，旗下有明星产品"绚星云学习",该产品在知识与学习体系、业务与组织赋能、运营能力、技术能力、运行速度、客户体验等方面都很有优势,可以很好地满足客户的数字化学习需求。

凭借"绚星云学习",云学堂的巨大商业价值已经被嗅觉敏锐的投资机构感知到,目前云学堂已经获得了经纬中国、红杉中国、洪卓资本等投资机构的投资,市值超过 10 亿美元。曾经有投资机构这样评价云学堂:当其他 To B 企业还在考虑如何为客户提供更优质的服务,或者想方设法打造内容对接体系时,云学堂早就将这些问题解决了。

云学堂将客户的需求概括为两个方面:一是批量发展人才,即通过培训让新员工变成具有实际工作能力的员工;二是为业务赋能,激发组织活力,即让员工持续学习,通过线上与线下相结合的方式丰富员工的知识储备,实现学习效果可量化,助力业务不断发展。

2010 年被称为云计算元年,云学堂就是在之后的一年成立的。成立之初,云学堂是一个专注于培训业务的 SaaS 软件企业,在云计算迅猛崛起的时代,其在培训领域的 SaaS 赛道上发展了 10 年,积累了非常丰富的实践经验。

但幸运的是,云学堂没有一直停留在 SaaS 赛道,而是不断进行技术研发,对产品进行迭代创新,同时提升服务客户的能力。经过一系列努力,云学堂将自己从一个 SaaS 软件企业升级为集软件＋内容＋服务为一体的学习解决方案服务商。

在 SaaS 赛道上,云学堂一路前进,形成了强大的核心竞争力。现在云学堂不仅可以根据不同客户的需求生成典型场景,还能以之前研发的相关模型为基础进行产品优化,这样有利于顺应数字化时代,形成 SaaS＋交易模式,从而在业内建立更牢固的竞争壁垒。

　　通过云学堂的发展历程，我们可以看到一种趋势：单一的 SaaS 业务已经难以适应时代的发展，取而代之的应该是一种基于 SaaS＋的新商业形态。目前我们可能还无法准确预估这种商业形态的价值，但至少在培训领域，云学堂已经做出了尝试，并取得了不错的成绩。

05

第 5 章

产品定价:SaaS 产品需要不断调整定价策略

任何产品都是明码标价的，SaaS 产品当然也不例外。To B 企业需要根据客户对产品的需求量，再结合产品的生产成本为产品制定一个合适的价格，这个价格一定要建立在科学研究和实践经验积累的基础上，同时要保证 To B 企业和客户的共同利益。当然，如果有必要，这个价格还要随着市场变化不断进行调整。

5.1 影响定价的因素：供给和需求

著名经济学家亚当·斯密曾经提出"看不见的手"，即一种微观意义上的定价模型，展示了供给和需求是如何引导市场竞争，最终通过市场调节让产品达到一个稳定的价格的。

在定价模型中，需求是消费者在给出特定预算的情况下，试图将产品的功效最大化；而供给则是市场参与者在考虑成本和收益的情况下，试图将产品的利润最大化。为了实现利润最大化，产品的生产量往往是通过总收益减总成本的方式来决定的。

供应反映了产品在一定价格下的生产量，通常呈现上升趋势。To B 企业以更高的价格为客户提供更多的产品，是合理的，因为更高的价格代表 To B 企业每多生产出一件产品，就会有更高的机会成本。

如果其他因素不变，产品的价格越高，客户对这种产品的需求就越小。因此，在资金有限的情况下，客户会放弃购买价格比较高的产品，转而通过购买价格比较低的产品来满足自己的需求。

根据客户的需求，产品的价格一般不能超过市场承受能力，但有时，To B 企业可以根据自己预期的价格增加或减少向市场供应产品的数量。久而久之，供给曲线会逐渐向上倾斜，To B 企业可以获得更高的利润，从而更愿意生产产品，甚至扩大生产。

很多时候，产品的价格是否合理，往往是由市场内部力量决定的。在没有竞争或者竞争没那么激烈的领域，实力强大的巨头有决定价格的能力，但这会使定价模型失去作用。绝大多数 To B 企业处于可以自由交易并充分竞争的市场，需要借助定价模型来了解市场的真实情况。因此，To B 企业应该掌握定价模型，时刻关注市场的供给和需求情况。

5.2　基于竞争对手定价

现在市场竞争越来越激烈，To B 企业需要从各个方面来提升自己的竞争力，而价格就是其中一个方面。To B 企业会根据对竞争对手的服务情况、生产规模、产品质量等诸多因素的调查与研究，再结合自己的实力、生产成本、供需情况来决定产品的价格，这种定价方法就是基于竞争对手定价，也称竞争导向定价法。

竞争导向定价法主要包括以下两种方法，如图 5-1 所示。

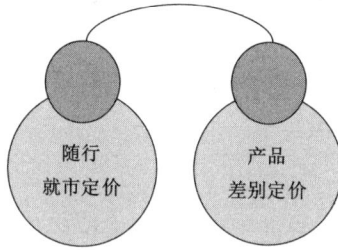

图 5-1　竞争导向定价法

1. 随行就市定价

在竞争激烈的情况下，任何一家 To B 企业都不能依靠自己的实力在市场上获得绝对优势。所以，为了减少甚至避免价格竞争为自己带来的巨大损失，大部分 To B 企业都会采用随行就市定价来制定产品的价格，也就是把产品的价格与市场的平均价格维持在同一水平线上，以此来使自己获得平均利润。如果用此种方法来定价，To B 企业不需要调查客户对不同价差的感受，价格的波动也不会太大。

2. 产品差别定价

产品差别定价指的是 To B 企业通过不同种类的营销，达到相同的产品在客户心里留下不同印象的目的，然后依据自己的实力和产品的特点，为产品制定比竞争对手高或低的价格，这种方法是一种带有进攻目的的定价方法，To B 企业要谨慎使用。

产品差别定价比较适合在技术和人才方面有相对优势的 To B 企业使用。以为 SaaS 软件定价为例，某 To B 企业向客户展示了产品在功能、性能、操作流畅度等方面的绝对优势，同时强调要做到最低价格，这就是产品差别定价，即利用超过其他同类产品的功能卖出最低价格，从而吸引更多客户购买和订阅。

5.3　基于成本定价

基于成本定价也称成本导向定价法，是根据产品的成本和预计的利润来进行定价的方法，也是国内外 To B 企业经常使用的一种方法，目前该方法已经延伸出三种其他方法：总成本加成定价法、目标收益定价法、盈亏平衡定价法。

（1）总成本加成定价法。这种定价方法是把 To B 企业在生产产品过程中的所有损耗都计算在成本中，得出产品的变动成本，同时将固定成本进行分摊，然后根据产品的目标利润率来定价的一种方法。

（2）目标收益定价法。这种定价方法又称投资收益率定价法，用此方法确定产品的价格需要考虑多种因素，如总投资金额、预估销量以及投资回收期等。

（3）盈亏平衡定价法。如果产品的销量是一个可以预估的既定数值，那么 To B 企业要想实现盈亏平衡，就必须从价格上着手，使价格达到可以实现收支大致相抵的水平，其中，盈亏平衡点就是既定销量，这种定价方法要在对销量进行合理估计的基础上，再根据产品的固定成本和变动成本来进行盈亏平衡的定价。

例如，某 To B 企业使用的定价方法是总成本加成定价法，定价人员需要将与产品相关的各环节成本都一一列举出来，计算出总成本，再根据总成本定价，这样制定出来的价格比较合理，可以让客户对产品的成本一目了然，也可以帮助客户判断产品是否值得购买。当然，这些都可以成为客户购买产品的驱动因素，从而促使 To B 企业的业绩增长。

5.4　基于客户价值定价

传统产品的生命周期是一个坡度很缓的钟形曲线，新兴产品的生命周期则是一条鲨鱼鳍线。未来的行业不是标准化、规模化，而是个性化、定制化，因此对于 To B 企业而言，占领需求是谋求发展的长久之计。

有些 To B 企业为了吸引更多客户，会使用基于客户价值定价的方法，这是 To B 企业最应该掌握的方法之一，该方法是指基于客户可能对产品产生的价值感知来定价，也可以表达为场景体验定价法。

在使用基于客户价值定价的方法时，To B 企业需要进行充分的市场研究和客户分析，了解最佳受众群体的关键特征，考虑他们购买产品的种种原因，了解产品的哪些功能对于他们来说是最重要的，并且知道价格因素在购买过程中的占比情况。

除了上述方法外，To B 领域还有一组关于定价的表达，分别是撇脂定价、满意定价、渗透定价。撇脂定价指产品以高价销售；渗透定价与撇脂定价相反，是指低价销售产品以扩大市场占有率；满意定价是将价格控制在中等水平，这样在一定程度上可以避免价格不合理的情况。

To B 企业应该以客户价值定价为标准，兼顾基于竞争对手和成本的定价方法。通常能创造客户价值的 To B 企业才享有更高的价格控制权和更丰厚的利润。例如，与其他咖啡相比，星巴克的咖啡价格比较高，这是因为其价格中包含服务和社交体验的品牌溢价。

某保健品为什么比其他保健品贵一些？因为它不仅是保健品，更是一种礼品。礼品需要体现赠送者对受赠者的关爱，要让赠送者觉得有面子，这是大家真正关注的客户价值，一个高于普通保健品的价格能更好地表达这个价值。

为了做好客户价值定价，To B 企业通常要进行详细调研。Garbor Granger 法用于研究当产品价格出现变化时，客户购买意愿的变化，又被称为价格断裂点模型。

To B 企业可以通过该模型找出销售额最大的价格点，具体流程如下：

首先，向客户呈现产品，将准备好的一系列价格由低到高依次向客户呈现；

其次，通过卡片或电子问卷的形式，分析客户在每个价格点的购买意向；

最后，做数据统计，从而为产品制定一个更科学、合理的价格。

5.5　Salesforce：功能性明确的定价

Salesforce 是 SaaS 领域的巨头，使用的是按年付费的订阅模式，在该模式下，Salesforce 没有很大的回款压力，甚至还积累了一大笔客户预付资金。对于 Salesforce 这样的大型 To B 企业来说，该模式有利于降低部署产品的难度，进一步加速产品的迭代升级；此外，该模式具有的容易回款、坏账率低等特征也大大降低了 Salesforce 的经营风险。

根据 Salesforce 官网提供的信息可以知道，Salesforce 目前采取统一的按月租赁、按年签订合同的销售方式。而且，随着版本的不断升级，Salesforce 的定价也有所变化，当然，客户享受的权限和功能也会相应地增多，如图 5-2 所示。

Salesforce 使用了四种定价模型，不同版本的产品都按照以下定价模型的其中之一进行定价。

（1）按照客户定价。当每个模块允许单个客户使用相关功能时，Salesforce 会按月向这些客户定价，在这种定价模式下，每个客户都有自己的登录名，可以随时访问网站。

图 5-2　Salesforce 的定价情况

（2）向每个组织收取固定费用，即每个使用 Salesforce 的组织都需要支付固定费用。

（3）按照合同价值的百分比定价，这种定价模式还被称为衍生定价（Derived Pricing），Salesforce 可以在此基础上为客户提供更有价值的功能或者服务。

（4）按照计划消费情况定价。某些版本的产品遵循基于使用情况的定价模型，即 Salesforce 会按照客户对产品的计划消费情况进行定价。

灵活的定价方式为 Salesforce 吸引了更多客户。Salesforce 根据客户的消费喜好，为客户提供价格合理的产品，促使客户进行更频繁的消费。正是因为 Salesforce 的定价能力一直在提高，产品也不断升级，客户的付费欲望才会更强烈，从而为客户带来更丰厚的利润。

06

第 6 章

客户体验:留住老客户,把老客户收入做大

客户体验这个概念是在 20 世纪 90 年代由营销大师唐纳德·诺曼提出的，如今被广泛应用于诸多领域，包括发展多年的传统领域，以及目前正在蓬勃发展的 To B 领域。在新消费时代，客户体验显得尤为重要，客户对产品的体验效果甚至直接影响产品在市场中的竞争力，从而决定 To B 企业在激烈的竞争中所获得的收益。

6.1　从客户角度思考问题，做有效互动

很多 To B 企业在初次接触客户时，经常采用广撒网和死缠烂打的策略，即大范围发布广告信息，并且不厌其烦地给略有意向的客户发送邀约，然而，这种方式不仅效率低，往往还会引起客户的反感，让其产生逆反心理，打消之前的合作想法。

如果 To B 企业在互动过程中尊重客户的想法，从客户角度思考问题，那就会起到更好的效果。例如，一家金融机构的 SaaS 软件突然出现重大软件故障，导致很多部门无法正常工作，因此，总经理在会上宣布要重新引入其他 To B 企业的 SaaS 软件。

随后，这个消息被传到那些 SaaS 软件供应商那里，很多供应商就纷纷开始

给总经理打电话,介绍自己的产品多么好。但是,他们的热情服务并没有受到总经理的青睐,反而让总经理有一种自己被打扰的感觉。

而其中一家 SaaS 供应商打电话给总经理,向总经理简单地介绍自己的意图之后,就说了这样一句话:"作为 SaaS 行业的资深从业者,我认为您使用的 SaaS 软件只是在某些使用场景下会导致这种重大故障,如果您可以规避这些使用场景,这款 SaaS 软件还是不错的,换了十分可惜。我把我的电话留给您,您以后要是有需要可以和我联系。"之后,这家供应商就再也没有联系过总经理。结果,总经理在经过深思熟虑以后决定要深入了解这家 SaaS 供应商的产品。

所谓心急吃不了热豆腐,提升客户体验也讲求技巧,不能急于求成。很多 To B 企业都希望自己可以尽快将获得的流量变现,便会非常频繁地跟客户联系,甚至一直对客户穷追猛打,结果往往会把客户吓跑。

B 端业务成交需要考虑多方面的问题,有时客户需要时间消化吸收,可能暂时不会去与 To B 企业联系,等有了结果自然会主动联系。但是,如果 To B 企业一直对客户穷追不舍,而且总是重复一样的内容,客户很可能产生厌烦心理,也显然不会选择与该企业合作。

与客户体验相关的工作通常不会立竿见影,但只要坚持下去就会有回报。与客户互动是一门学问,To B 企业一定不要把时常沟通变成几近骚扰,否则反而会让辛苦获得的客户流失。

6.2　从普通客户到超级客户

超级客户通常是指对品牌有认知、对产品有购买意向、会重复购买产品、能提供反馈意见、愿意推荐其他客户购买产品、对产品有较高忠诚度、与品牌建立强关系的客户。尼尔森提供的数据表明，超级客户的消费能力是普通客户的5～10倍。

在我们的日常生活中，超级客户这个概念其实总被涉及。无论是苹果手机的狂热粉丝，还是游戏中的多付费玩家，都是超级客户。他们自愿付出超过常人的成本，来换取在自己所处领域和范围内更高的表现，从而获得更高的满足感。

在消费场景里，超级客户代表愿意以更高溢价为产品付费的群体。To B企业只要对其理性地加以利用，就可以获取更丰厚的利润，实现更高的商业价值。超级客户对于To B企业来说之所以非常关键，主要是因为其与以下2个简单却必不可少的商业原则息息相关。

（1）二八法则。当20％的客户可以带来80％的利润时，To B企业的工作重点就是把这20％的客户找出来，拿出80％的资源去服务他们，让他们变成稳定、有增长潜力的超级客户。

（2）客户终身价值（Life Time Value，LTV）。对于To B企业来说，产品有高复购率很重要。如果一个客户能够多次购买产品，那么对于To B企业来说，该客户的终身价值就比较高。如果一家To B企业获取客户的成本要低于客户终身价值，那么这家To B企业就可以获得可持续的收入增长。

To B企业不能只看客户购买一次产品的价值，而应该看他们带来的价值总和。复购几乎是不需要耗费成本的，可以创造复购的To B企业将会有更显著的增长，这就要求To B企业应该用超级客户思维看问题，多关注运营工作，尽快找出那些愿意持续付费的超级客户。

在产品刚刚面世时，超级客户的存在可以影响一部分人成为新客户，甚至成为产品的宣传者和推广者，这部分人通常被称为早期使用者（Early Adaptor），名词"自来流量"是对这部分人的一种非常传神的描述。

对于刚刚面世的产品来说,早期客户是非常重要的,他们可以促进产品的口碑树立和未来宣传,在这方面,钉钉就是一个非常典型的代表。钉钉诞生于阿里内部,成长于阿里生态,阿里及其生态伙伴作为其早期客户,为其品牌形象的树立奠定了坚实基础。

超级客户的价值和重要性无须多言,To B 企业无论通过什么办法,都应该将他们筛选和培育出来,他们是给 To B 企业带来利润的群体,对于 To B 企业来说非常重要。

6.3 如何服务超级客户

现在有这样一种说法:流量思维时代过去了,取而代之的是超级客户思维时代。在超级客户思维时代,如果 To B 企业掌握不了客户的习惯和偏好,无法为其提供优质的服务,那么很可能会降低其黏性,甚至还难以进一步吸引更多新客户。

那么,什么是超级客户思维呢?一个比较中肯的观点是:To B 企业不过度追求流量,不盲目扩张,而是踏踏实实地打磨产品,以客户为中心,为客户提供最优质的服务。在超级客户思维的指导下,有好口碑的 To B 企业可以产生杠杆效应,赢得更多客户。

To B 企业在吸引超级客户时要注意以下两个关键点:

第一,做让客户觉得有面子的事。在这方面,我们要重点分析三个问题:客户是否愿意经常使用产品?体验是否足够好?客户是否愿意将产品推荐给其他人?例如,SaaS 软件 Worktile 就凭借很受客户欢迎的功能,如看板式展示任务、自定义设置任务状态、日程会议管理等,成功打开市场,让客户享受极致体验。

第二，不做让客户丢面子的事。这主要是指 To B 企业在对产品的功能进行优化时，要照顾老客户的感受，尽量减少功能优化对老客户的影响。如果优化过的功能确实会对老客户产生影响，那么 To B 企业应该想方设法提前知会老客户或与老客户就此问题进行商讨。

《超级客户：低成本、持续获客手段与盈利战略》一书总结了与超级客户相关的 5 个重点，具体内容如下：

(1)超级客户愿意在产品上付钱，还对挖掘产品的新用法很感兴趣，而且执行力很强；

(2)每款产品都有专属的超级客户；

(3)超级客户会对产品投入感情，从产品中挖掘更多价值；

(4)超级客户具备较高的辨识度，To B 企业可以轻松将其找出；

(5)超级客户愿意购买产品，并作为意见领袖为 To B 企业带来其他购买者。

To B 企业要制定超级客户战略，将最有价值的客户筛选出来，认真倾听他们的需求，了解他们的情感。如果 To B 企业将更多精力用于吸引更多超级客户，并据此创新产品与商业模式，那么这家企业将会获得非常不错的发展。

流量思维或多或少地掩盖了互联网的丰富性，虽然很多 To B 企业的产品和服务都很好，但要满足客户日益变化的需求，仍然任重道远。在酒香也怕巷子深的背景下，To B 企业必须敢于主动出击，服务好超级客户，实现高效的口碑传播。

正所谓"不谋万世者，不足谋一时；不谋全局者，不足谋一域"，对未来有超前判断的 To B 企业往往更有发展潜力，可以获得更多客户，尤其是超级客户，而肯为客户踏实服务的 To B 企业将有光明、美好的未来。

6.4 主动与客户沟通,建立信任

矛盾在事物中相互排斥又相互依存,构成对立统一。To B 订单拥有利润高的优点,同时存在交付流程烦琐、交付时间较长的缺点。To B 企业需要用积极的态度、优质的服务来弥补上述缺点,给予客户良好的体验。优质的服务能够为To B 企业带来良好的经济效益与社会效益,长远来看更可以帮助 To B 企业塑造良好的业内口碑。

《荀子·大略》中讲:"口能言之,身能行之,国宝也。"语言是行动的影子,行动是语言的土壤,营销团队需要把承诺落实到实际行动中,用真诚的服务打动客户。

1. To B 企业要重视每一位客户

无论订单大小,To B 企业对待客户都应做到一视同仁。客户没有大小之分,很多不起眼的客户手中也许拥有百万订单的渠道,重视每一个客户,不轻视每一笔小订单的成交,才是 To B 企业在行业长久发展之道。To B 企业要主动联系客户,与客户进行深入沟通,争取把客户变成生意场上的朋友,而不要等到有需要了再去联系客户。

2. To B 企业要换位思考,使客户建立信任

与客户建立的信任不是一朝一夕的短暂情感,而应是一种历久弥新的情感。很多 To B 企业在销售产品时,只顾着介绍产品的优势,只站在自己的角度考虑问题,而忽略了客户的潜在想法与需求。优秀的 To B 企业应该学会将心比心、

换位思考，站在客户的立场上思考问题，从而与客户在情感上得到沟通，为增进彼此之间的理解奠定基础。

最后，需要注意的是，To B 企业可以用积极的情绪向客户移情，让客户在购买产品或者服务时，享受优质服务的同时还能获得良好的消费体验，这样有利于拉近客户与 To B 企业之间的关系，让客户敞开心扉，更加期待与 To B 企业的交流与合作。

6.5　重视回访工作，实现体验优化

回访是用来调查客户满意度、进行客户关系维系的一种手段。在回访过程中，回访人员与客户进行了沟通交流，完善了客户数据库，为交叉销售、向上销售都做了良好铺垫。很多时候，把回访做好，就可以极大地提升客户对产品的满意度，尤其对于 To B 企业来说，其产品更注重重复消费，回访不仅能使其得到客户的认同，还进一步延伸了客户价值。

客户通常对有知名度或者诚信度的 To B 企业的回访比较配合，愿意说出自己的真实想法，提出具体意见。如果 To B 企业并没有什么名气，而回访又做得不好，就很难得到客户的真实反馈，甚至对产品的推广和销售造成负面影响。

回访是客户的保养剂，那么 To B 企业应该如何进行回访呢？方法如图 6-1 所示。

1. 注重客户细分工作

在回访之前，回访人员可以根据具体情况对客户进行划分，为不同类别的客户制定不同的回访策略。例如，某 To B 企业根据客户价值将客户分为高效客

67

户、高贡献客户、普通客户等,根据客户来源也可以将客户分为自主开发型客户、广告宣传型客户、朋友推荐型客户等,也可以将客户按照属性区分,如供应商客户、直接客户等,还可以按地域、省份、城市等进行区分。

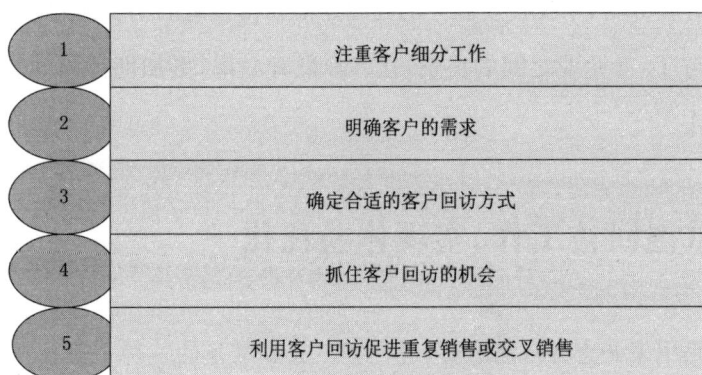

图 6-1　如何进行回访

对客户进行详细分类可以帮助回访人员制定不同的回访方法,提高回访效率。

2. 明确客户的需求

在对客户进行分类之后,要明确客户的需求才能在回访中满足客户的需求。在客户提出自己的需求前,To B 企业就已经上门服务可以很好地体现其对客户的关怀,让客户感动。通过对客户进行定期回访,To B 企业能够了解产品的使用情况,发现产品在应用过程中的问题,同时还可以了解客户有什么需求,是否有可能继续合作。

只有客户配合才能提高员工的服务能力,让 To B 企业发展得越来越好。通常客户在使用产品的过程中发现问题或者想要再次购买产品时,就是对客户进行回访的最佳时机。如果 To B 企业能够提前掌握这些信息，及时回访客户，将在很大程度上提高客户的满意度。

3. 确定合适的客户回访方式

对客户的回访方式包括电话回访、当面回访、在线回访等。从多家 To B 企业的实践经验来看，电话回访结合当面回访是最好的方法。以合适的方式定期对客户进行回访能够让客户感受到 To B 企业的诚信与责任，但回访时间一定要安排合理，如成交后一周、一个月、三个月、六个月等，当然，具体的回访时间可以根据自身情况或产品类型而定。

4. 抓住客户回访的机会

回访人员需要在回访客户的过程中了解客户对产品的不满意之处，找出问题所在；记录客户的意见或建议；认真处理回访资料，进行后期的改进工作；准备对已回访客户进行二次回访。回访能解决很多实际问题，对 To B 企业的形象有很好的维护作用，还可以加深客户的信任感。受产品同质化等因素的影响，已经成交的客户通常会从购买产品前对质量、价格的担心，转向对售后服务的担心，这就要求 To B 企业对此类客户进行定期回访。

5. 利用客户回访促进重复销售或交叉销售

客户回访的最终目的是通过提供给客户预期之外的高水平服务让客户对 To B 企业或产品更信任与依赖，从而创造新的销售机会。持之以恒的客户关怀可以使销售机会不断延伸。

对于广大 To B 企业来说，回访的目的还在于通过售后关怀来实现产品与服务的增值。老客户是产品口碑的创造者,会对新客户产生很大影响,用老客户吸引新客户的做法不仅成本很低,还非常有效。而且,因为老客户有了之前合作的基础,所以会更倾向和 To B 企业继续合作,也会更愿意为 To B 企业提供一些行业资源。

07

第 7 章

推广获客:降低获客成本,增加竞争力

推广效果差、无法获客几乎是困扰所有 To B 企业的问题，而且，To B 企业因为产品单价高、客户决策周期长等问题，很难制定合适的推广策略。对此，To B 企业要想破局，就必须找到适合自己的推广与获客方式。

7.1 熟悉推广渠道：官网/SEM/SEO/信息流/垂直媒体

有些 To B 企业因为品牌意识缺乏、资金短缺等原因不重视推广，此举在目前这个数字化转型的关键时期是非常错误的。现在推广渠道越来越多元化，其他 To B 企业的宣传力度不断加大，如果企业没有顺应潮流，那就很可能被淘汰，逐渐失去话语权。

To B 企业要想更好地将自己的 SaaS 产品推广，首先要熟悉推广渠道。目前适合 To B 企业使用的推广渠道主要包括以下几个。

1. 官网

官网是 To B 企业的另一张脸，记载着其发展概况和产品信息，设计优秀的官网，能充分体现 To B 企业的内涵，增加客户的好感度。那么，To B 企业要如何设计官网呢？

第一，To B 企业在规划官网的时候，要根据自身所处阶段对其进行改版，集中展现核心业务，着重推荐新业务，细化每条产品线的内容，将各个板块都制作精致。

第二，虽然不同 To B 企业的 SaaS 业务有所不同，但官网的总体设计都是由标语、自身优势、产品简介等信息组成的。所以，To B 企业要从优化视觉表现、突出营销策略、丰富产品线等方面入手设计官网，并构建一个完善的官网框架，如图 7-1 所示。

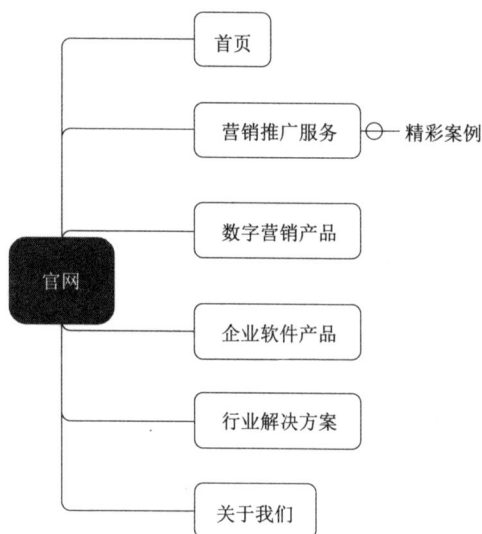

图 7-1　官网框架

当下很多创业者都有一个误区，认为现在是移动互联网时代，官网的价值非常有限。但实际上，To B 业务面向的是公司级客户，此类客户往往非常重视，也很习惯通过官网来全面了解 SaaS 供应商的具体情况，以便做出更精准的消费决策。

2. SEM

搜索引擎营销(SEM)指的是在百度、360、搜狗等搜索引擎投放广告,这是大部分 To B 企业的选择,其获客效果关键在于企业是否有充足的预算进行长期投放。

3. SEO

搜索引擎优化(SEO)的获客效果相较于 SEM 要差一些,但对 B 端客户的影响更深远。SEO 效果与内容营销相关,除了持之以恒输出内容外,如何设置关键词,保持产品与被搜索关键词的高度契合也非常重要。

4. 信息流

信息流和短视频平台的流量非常大,如今日头条、微博、微信、视频号、抖音、快手等,但不同的平台,客户画像不同,数据也存在差异,因此,To B 企业需要付出一些成本去试错。因为关注度高、传播快等特点,信息流和短视频平台已经成为 To B 企业进行营销推广的最佳阵地。

5. 垂直媒体

每个行业都有垂直媒体或专业资讯网站,其目标群体定位非常精准。例如房屋租赁行业有 58 同城、安居客、贝壳找房等平台;月嫂行业有宝宝树、妈妈网孕育等母婴平台。

7.2　什么样的平台能引发最大关注

新媒体对 To B 企业的推广获客有着非常重要的作用，例如，现在 To B 企业的知名度和美誉度建设更多地需要通过新媒体平台完成，这些平台对大众的影响潜移默化且深入人心。但 To B 企业新媒体运营数据与 To C 之间的差距堪称云泥之别，无论是浏览量、分享率、变现率等都非常惨淡，这就需要 To B 企业去思考什么样的平台才能引发最大关注。现在比较受欢迎、聚集了很多流量的平台主要有微信平台和抖音、快手等直播平台。

1. 微信平台：打造高效率平台

微信自从成为人们日常沟通必备的社交平台后，也逐渐成为 To B 企业的一种主要宣传渠道。微信的优势体现在内容精炼和极高的用户黏性，例如，内容设定追求精准化，排版风格追求美感和精致等，因此，To B 企业可以通过微信推送极具吸引力的高质量内容。

对于 To B 企业来说，微信营销的主要工作是把内容做好，精准引流，促进转化。

（1）利用好公众号。公众号文章的标题一定要有非常鲜明的特点，最好读者一看到就能知道大概内容是什么，这样才能激发他们的阅读欲望，从而增加点击率。微信小尾巴的设置一定要注重，所谓小尾巴就是每篇公众号文章末尾的品牌或产品介绍，如图 7-2 所示，这个内容的位置要恰到好处，篇幅不要太长，否则容易让被内容吸引进来的消费者产生被骗的感觉。

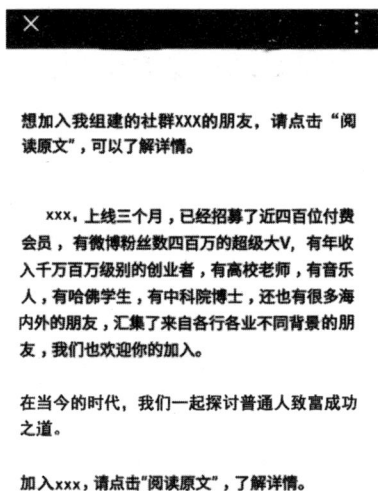

想加入我组建的社群XXX的朋友，请点击"阅读原文"，可以了解详情。

　　xxx，上线三个月，已经招募了近四百位付费会员，有微博粉丝数四百万的超级大V，有年收入千万百万级别的创业者，有高校老师，有音乐人，有哈佛学生，有中科院博士，还也有很多海内外的朋友，汇集了来自各行各业不同背景的朋友，我们也欢迎你的加入。

在当今的时代，我们一起探讨普通人致富成功之道。

加入xxx，请点击"阅读原文"，了解详情。

图 7-2　微信小尾巴范例

（2）评论区的互动。微信官方开放了评论区功能，所有粉丝都可以在评论区表达想法、提出建议；而且其他微信用户也能看到这些评论内容，如果引发他们之间的讨论，很可能会刺激一部分潜在消费者关注品牌。因此，允许并接受消费者参与品牌讨论是品牌圈粉的重要工作。

（3）利用好H5。微信作为日常聊天和支付工具，其被点开频率是非常高的。微信的群消息、朋友圈都是非常优质的品牌展示空间，但因为手机屏幕的空间限制以及人们高频率的社交特性，精练的内容是微信营销的关键。用一句简短的话、一张优质的图片让对方能够一目了然，H5 便实现了这一目的——用链接的方式让对方一键触达详细信息，同时 To B 企业还可以用 H5 来设计交互选项，收集自己想要的信息。

（4）小程序。微信小程序拥有很多优点，例如不占手机内存，对不愿意下载App 的用户来说是巨大的福利；小程序名称的唯一性可以尽量避免与其他商家发生重复；支持付费可以更好地实现付费营销需要，提高成交率。

2. 直播平台：近距离接触，扩大影响力

近几年，直播逐渐走入人们的视野，本着客户去哪儿，营销就应该到哪儿的原则，一些 To B 企业对直播做了尝试。但品牌营销不只有卖货一个目的，长远来看，只有优质产品与高吸引力的品牌相结合，才能长期、高效地影响目标消费群体，促进品牌效益及口碑的提升。因此，直播营销不能只为了卖货，还要创新模式，以帮助品牌获得长久的影响力。

明星代言是最常见的营销方式，To B 企业可以借助明星的影响力迅速打开市场，建立知名度，让销量节节攀升。现在网络用户对内容质量的要求在不断提高，平庸、低俗的内容遭到人们唾弃。

随着直播相关产业的发展和从业者文化素养的提高，直播内容可能越来越倾向于有内涵、有深度的创作，内容直播有望成为未来直播营销的大趋势。

7.3 全渠道融合，影响力翻倍

近几年，很多 To B 企业都采用全网营销的方式，这意味着宣传渠道的多样化。To B 企业在 App、微博、电商平台、搜索引擎等多个渠道投放广告，覆盖范围极广，这种全方位、多维度的营销方式，让品牌的宣传内容随处可见，在很大程度上提升了品牌的知名度。

1. 新媒体矩阵

新媒体矩阵包括横向矩阵和纵向矩阵两种类型，企业需要根据实际情况进

行选择和搭建,并且不同平台的受众具有很明显的特点。To B 企业只有深入研究不同平台的规则,才能做好化零为整的新媒体矩阵。

(1)横向矩阵。横向矩阵也可以称为外矩阵,指的是 To B 企业在全媒体平台的布局,包括自有 App、网站以及各类新媒体平台,如微信、微博、头条等。

(2)纵向矩阵。纵向矩阵也可以称为内矩阵,指的是企业在某个大的媒体平台进行各个产品线的纵向布局。例如,To B 企业在微信可以布局订阅号、社群、个人号、小程序等。表 7-1 是微信、今日头条和微博的纵向矩阵。

表 7-1　微信、今日头条和微博的纵向矩阵

微信	今日头条	微博
订阅号	头条号	状态
服务号	抖音	新浪点
社群	悟空问答	秒拍视频
个人号	西瓜视频	一直播
小程序	火山小视频	爱动小视频

2. 新媒体矩阵的作用

To B 企业搭建新媒体矩阵的作用主要是优化宣传效果,实现内容多元化、风险分散、协同放大宣传。

(1)内容多元化。每个新媒体平台都有自己的风格,例如微信公众号以图文为主,抖音以短视频为主,To B 企业在多个平台上建立账号,可以将营销内容多元化,从而吸引不同的受众。例如,钉钉在 B 站发布的"自黑"视频,吸引了许多关注,拓展了产品的受众范围。

(2)风险分散。To B 企业集中在一个平台运营,如果账号被封禁,前期所有的营销努力都会前功尽弃。例如，某 SaaS 服务机构的微信公众号遭到永久封禁，而该机构在此之前就开发了相关 App，及时将客户导流到新平台上，从而降低了账号被封禁的影响。

（3）协同放大宣传。形成新媒体矩阵后，不同平台可以形成互补。To B 企业可以先在微博上为营销活动造势，然后在微信上进行转化，最后在其他媒体平台分发品牌公关稿，最大限度提升曝光度，这样客户可能在微博上看到产品宣传，对产品形成印象，又在微信上看到该产品的推广活动，从而产生消费冲动。

新媒体矩阵对于 To B 企业而言，工作难度要远高于 C 端，因为 To B 企业的营销观念与工作方法都需要结合 B 端客户的特点进行调整和更新。此外，To B 企业面临的一个更难的问题是很容易陷入内容太过俗套没人爱看，或内容太过高深没人看得懂的怪圈。

7.4　让利销售，吸引客户大量采购

让利销售是指 To B 企业以减少销售利润为代价，使客户在购买产品时得到更多优惠，以促进产品销售的一种方法，具体而言，让利销售有以下几种形式，如图 7-3 所示。

图 7-3　让利销售的形式

1. 折扣销售

To B 企业为了鼓励客户大量采购而在价格上给予一定数额的折扣，即购买越多、单价越低，这种情况往往应用于使用部门较多的集团类客户。

2. 销售折扣

财务会计上的现金折扣，是指 To B 企业为促使客户在信用期内早日付款而给予他们一定数额的折扣。

3. 延长订阅

To B 企业在交付 SaaS 产品后，由于功能、质量、性能、服务等方面的原因，给予客户延长订阅及时长的折扣优惠。

4. 还本销售

是指 To B 企业在销售产品后，到期限由 To B 企业一次或分次退还客户全部或部分价款。

5. 以物易物

是指 To B 企业采取非货币性的交易方式销售产品。

给予客户特权也是一种推广方法，它的好处是为平台提供优质的内容，提升平台的活跃度，同时也可以为产品提供有效的反馈、意见和建议，直接增加平台的收益和价值。特权的负面影响主要是阻碍其他客户在平台的参与，挫伤其在平台的参与积极性。

给予客户特权的基本原则就是平台鼓励什么样的客户，什么样的客户就更容易成为特权客户。对于某些游戏或者社交产品的客户来说，谁付费谁就是特权客户。

给予客户抽奖机会也是推广的一大重要手段。例如，微信的朋友圈功能中有转发这一选项，在利用微信做推广时，To B 企业常常会发布"转发本条微信，即可获得抽奖资格"等信息，再通过一些小优惠、小折扣的方式促使客户进行消费，从而提高整个活动的参与人数，有利于产品的营销和推广。

抽奖流程的设定一般会遵循相关平台的规定，通常抽奖流程是客户关注微信后回复某一信息，系统会自动回复抽奖方式，客户按照系统指示进行抽奖，最终系统会通知客户是否中奖。如果客户中奖，系统就会要求客户输入联系方式，与客户取得联系，将奖励寄送给客户。

7.5　进行有针对性的广告投放

在移动互联网时代，信息碎片化、消费个性化导致了广告的严重浪费，这当中很大程度是因为 To B 企业缺乏广告投放的专业知识，例如，即使广告产生流量，也不知道哪部分广告费发挥了作用，甚至根本不知道如何去找目标群体。

没有一个产品适合所有客户，每个客户的需求都不一样，因此，To B 企业在做营销时就需要选择不同的渠道和方法。以新产品推广为例，有的产品需要投放软文，有的产品需要投放微信大号，而有的产品需要举行发布会，这是因为不同的客户会因为自身不同的需求被不同的卖点吸引。所以，To B 企业需要自定义目标群体，建立精准的获客途径，才能保证获得有效客户，提升产品销量。

所谓自定义目标群体，是一种特殊的定向条件，To B 企业可以针对不同的目标群体建立自定义受众,从而锁定高潜力客户。To B 企业可以基于客户数据和其他第三方数据,锁定这部分高潜力客户,从而实现潜力客户的转化。

通过大数据分析将广告投放给高潜力客户,在这个过程中,To B 企业不仅可以制作客户画像,还可以精确分析客户的状态,从而制定并逐步优化相应的营销策略,在合适的场景将合适的信息传达给客户。以腾讯社交广告平台为例,To B 企业在投放广告时可以根据地域分布、所处行业、消费倾向等信息筛选客户,实现基于受众的精准投放,有针对性地触达客户,这样可以增加广告投放的灵活性和自主性,避免不必要的资源浪费。

To B 企业的工作人员每天都需要监控推广数据,复盘、调整营销策略,确保自己的每一次营销都能产生效果。

7.6 线上活动如何顺利落地

线上活动举办得再热闹,结束后没有客户愿意下单也是竹篮打水一场空。线上活动如何成功落地成为很多 To B 企业苦恼的问题。线上活动的类型很多,如专家直播、行业公开课、产品发布会、周年庆、促销活动等,这些活动都可以为产品带来不错的宣传效果。

做线上活动,To B 企业需要始终明确自己手中有哪些资源、自己服务的客户群体有哪些、自己希望通过此次活动达到什么目的,在明确上述问题的答案后,To B 企业需要开会研讨活动形式以及细节。

制作活动方案也是成本之一,因此,活动不能仅办一次,To B 企业需要挑选其中优秀的方案作为常驻活动来持续吸引客户。例如,比较受大众喜爱的创始人直播活动,如果前几次都得到观众的一致好评,那么便可以每月都在平台上举办，同时还可以加入福利环节。

此外，如果有客户希望看到直播回放，那么 To B 企业还可以要求其填写问卷或添加企业微信。如果客户对你聊的信息完全不感兴趣，那么几乎不可能无缘无故地去填写一个暴露个人信息的问卷。既然客户已经产生兴趣，就一定有需求，这部分填写了信息的客户便是 To B 企业在接下来的工作中需要重点关注的销售线索。

在举办线上活动时，由于客户感兴趣的方向不同，因此，To B 企业后期触达客户时使用的策略也就有所不同。例如，A 企业举办了一场线上活动，活动主题为"To B 品牌的社群营销"，该企业通过问卷获得了销售线索，随后整理传达给销售团队，这时销售团队如果根据销售线索向客户推销产品，效果可想而知会很好。

To B 企业举办的线上活动需要与销售团队推销的产品匹配，同时要根据产品的特点找对切入点，这样才能有针对性地写方案、做活动，乃至后期形成可供套用的标准化流程。

7.7 高黏性客户助力产品销售与宣传

客户黏性是客户对品牌的依赖程度，是衡量客户忠诚度的重要指标。例如，一些 SaaS 服务企业因为客户不会轻易更换产品而长期没有提高服务质量的计划。在这种情况下，即使 SaaS 服务企业服务质量不变化，客户也不会有较大流失，这就是客户黏性的表现。

只要让客户离不开自己，产品或服务就有了保障。更好的做法是，To B 企业的产品要在不断优化改进后存在一定程度的不可替代性，即不断根据客户的需求进行量身定制,提高客户的满意度。

以 SaaS 服务为例,如果客户选择不与你合作,那他还需要花很长的时间去和其他企业进行磨合,系统操作体验感也会直线下降,因此客户便会尽可能地和企业保持合作关系以维护自己的系统。可以说,让客户舍不得终止合作,不断提升其黏性,就是 To B 企业的最大成功。

那么,To B 企业应该如何提升客户黏性呢? 方法如图 7-4 所示。

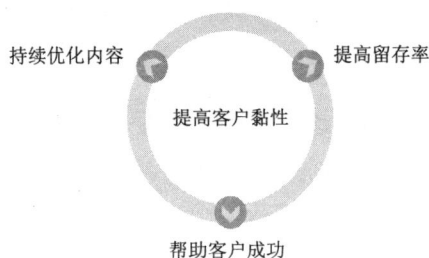

持续优化内容   提高留存率

提高客户黏性

帮助客户成功

图 7-4 提升客户黏性的方法

1. 持续优化内容

信息爆炸使客户停留在广告上的时间一弹指顷,新奇的、有价值的内容更能长时间占据客户的注意力。很多 To B 企业都是通过内容营销的方式提升品牌形象,即使在艰难的营销环境中,内容仍能开辟出一条道路,吸引客户的目光,取得成功。

在优化内容时,To B 企业要确保客户需要什么内容,自己就提供什么内容;客户有什么问题,自己就提供解决问题的方案。综合地看,有价值的内容通常有以下几个特征:

(1)引起客户的共鸣。情绪类的内容能够吸引客户的注意力,增加记忆点并诱发圈粉成果。所产生的情绪，都能成为驱动力。

（2）制作精良。原创内容包含作者的独特思想，具有一定趣味性，可读性强，也显得比较有诚意，对客户更有吸引力。

（3）发挥内容的作用。To B 企业可以结合产品的实际使用场景，为客户提供一些解决常见问题的实用小技巧，或者消除一些疑难杂症的独特方法。总之，干货越多，内容越有趣，越能让客户接受。

2. 提高留存率

有些产品在解决了吸引新客户的问题以后，还会面临一个棘手的问题——客户续费率低。这在很大程度上意味着，产品对客户失去了吸引力。解决此问题的最好办法就是记录客户的留存率和流失情况，并采取相应的措施更正自己所犯的错误，吸引其继续使用。

3. 帮助客户成功

To B 企业必须真正地将客户当成自己的合作伙伴，以赋能和共情的心态帮助客户走向成功。在合作过程中，客户只有感受到 To B 企业的帮助、陪伴、力量、价值，才能够继续使用 To B 企业的产品，并为 To B 企业介绍更多新客户。

7.8 飞书：为有关公司免费提供产品和服务

这三年，一些中小型企业面临挑战，而有关单位等更是持续奋战在第一线，它们都需要高质量的产品来提高工作效率。为此，字节跳动旗下的一站式协作平台——飞书决定为有需要的组织提供一定时间的免费权益，这些权益包括但不限于：不限时长的音视频会议；不限量的文档与表格创作；不限时长的实时语音沟通；100G 的云存储空间等。

得益于飞书的帮助，上万名员工实现了居家办公，团队协作效率也没有受到影响。综合地看，飞书在诸多方面为客户带来了价值，使客户即使在困难条件下也可以高效工作。

1. 家里没有电脑，员工可以用手机端随时进入办公状态

飞书支持多设备同步运行，员工可以在手机、电脑、iPad 等设备上办公。员工的家里如果没有电脑，那就可以请有电脑的同事将资料和文件导入云空间，用手机端查阅并进行编辑。

2. 一键推送政策公告

公司可以通过飞书向员工发送政策公告，将最新信息通知下去。此外，飞书还具有重要信息加急提醒、已阅回执等功能，可以充分保证信息传递效率。

3. 统计员工情况，实时报备信息

通过飞书的报备功能，公司可以迅速收集员工的近况、行程、所处位置等信息，从而更高效地做好相关工作，如图 7-5 所示。

4. 多人异地开会，随时发起音视频会议

如果员工分散在各地，那么开会时间会比较难协调，而且沟通效率也低。通过飞书自带的日历，公司可以迅速找到公共空闲时间段，组织音视频会议，员工可以远程共享屏幕，即使大家身处异地，也如亲临会议现场。

图 7-5　飞书的报备功能

5. 线上团队管理，每日汇报工作

通过飞书文档，员工可以撰写并共享工作日报、工作周报等，与团队随时沟通工作进展，从而更好地实现团队协作，如图 7-6 所示。

图 7-6　飞书的工作日报

6. 智能打卡考勤管理

员工可以通过飞书完成打卡，公司能够随时随地了解员工状态，一键导出考勤报表，实现打卡与考勤的自动化同步管理，如图 7-7 所示。

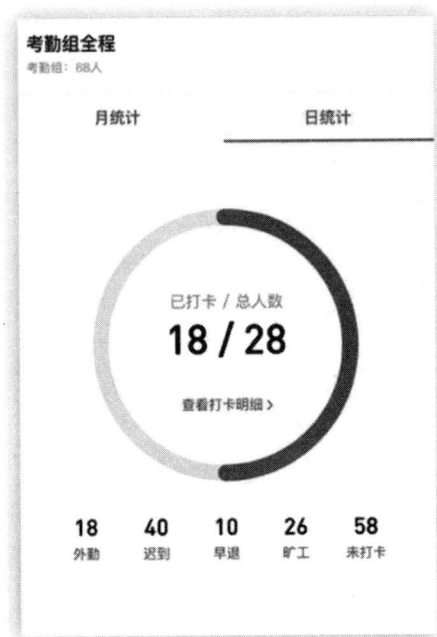

图 7-7　飞书的打卡考勤管理界面

7. 不耽误招聘进度，在线上完成面试

即使 HR 不在办公室，也可以进行面试。HR 可通过飞书自带的日历，决定面试时间，然后再通过音视频会议与应聘者远程沟通，整个过程像线下面试一样高效。

很多时候，团队能不能在线上顺利运转起来，在很大程度上是由办公工具决定的，飞书作为很多员工都在使用的办公工具，其整体质量对团队的影响是非常大的。飞书在帮助很多需要帮助的组织的同时，还吸引了一大批客户，可谓名利双收。

08

第 8 章

内容营销：用高价值内容增强客户信任

内容的重要性不断攀升已经成为很多行业的共识,口号式的广告不仅在C端难以打动客户,在B端更是无法引起客户的注意。在 To B 领域,客户在考察产品时会更细致、深入,这就要求 To B 企业在内容中体现产品的实力和价值,以高价值内容增强客户信任。

8.1 优先选择用户质量高、流量大、数量多的平台

随着时代不断发展,媒体界发生了翻天覆地的变化,猫扑、人人网、天涯社区等传统平台风光不再,而微博、抖音、快手、小红书、视频号等平台则成为近年来媒体界的热门。无论年龄与职业,多数人都认可这些平台的公开性,多数企业也都愿意把这些平台作为新媒体营销的战场。

这主要是因为,与传统平台相比,新兴平台有着快速发言、公开阅读、流量大、用户多等优势,这些优势可以帮助 To B 企业实现更好的传播效果。很多娱乐信息类、美妆类、职场类、新闻类的账号,在粉丝的助力下通常都会在平台有很高人气。

例如,钉钉曾经在微博举办抽奖活动,引发网友的转发、评论、点赞。钉钉在关于抽奖活动的微博中透露了具体的奖品信息,如图 8-1 所示,对奖品感兴趣的

网友会在评论区讨论一番,也会在第一时间转发此条微博,从而使钉钉得到更大范围的传播。

图 8-1　钉钉在微博的抽奖活动

此外,钉钉在设计发布在微博的内容时,还紧跟"♯北京冬奥会♯"这一传播性极强的话题,在前期造势时就获得了巨大反响,吸引了众多网友的关注,迅速登上了热搜榜。而且,只有三个中奖者的设计也为抽奖活动制造了极强的传播性。虽然中奖概率不高,但因为参与方式简单,很多网友都抱着试试看的心态去尝试,因此该活动取得了非常不错的传播效果。可见,即使是 To B 类型的 SaaS 服务,也可以使用一些以往用于活跃 C 端的方法。

8.2　了解直播价值，不断积蓄流量

与 To C 企业直播内容泛娱乐化不同，To B 企业的直播内容需要更聚焦，即满足客户的需求，客户才会观看。此外，对于 To B 企业来说，直播的重点不是流量大，而是口碑宣传和精细化运营。以一家做营销服务的 To B 企业为例，它做直播的主要目的是宣传服务效果，证明自己能为更多客户解决营销问题。所以，这家企业每月都会举办一场"爆款运营案例复盘"直播活动，通过讲述成功案例吸引客户。

此外，这家企业还在朋友圈、微信公众号等渠道推送预热活动，如一元解锁、做任务、群裂变等，通过营造实惠的氛围，吸引更多客户观看直播；该企业还会根据客户的购买意向给客户分层，打上标签，对高意向客户私聊发送直播活动邀请，以提升后期的转化率。

1. 一元解锁

一元解锁指的是支付一元即可观看直播（筛选高意向客户）。To B 企业的客户是否观看直播取决于对内容是否具有刚需，所以直播预热要注重对干货的透露，多放出一些有价值的内容或提出一些热点问题来引流。

2. 做任务

做任务指的是客户转发直播预热的帖子给几个好友，可以领取奖品。为了吸引更加精准的客户，奖品可以设置为行业书籍等产品，因为愿意花时间领取行业书籍的人很可能是从事该行业的人，其购买产品的可能性更大。

3. 群裂变

To B 企业可以用企业微信来做裂变,企业微信自带背书效果,且企业微信自带的客户去重、广告自动踢人、自动发送欢迎语等功能,可以有效管理意向客户,这个方法是为了把意向客户留在群里,而不是让他们直接去直播间预约。直播小程序的服务通知打开率太低,客户可能预约之后就忘记了,在群里提醒客户准时观看直播显然更容易引起其注意,且这个群还可以成为私域流量池,用于二次销售。

很多 To B 企业在做直播时会面临启动期流量不够的问题,这需要营销团队积极宣传。除了做一些活动外,营销团队还可以通过参加客户的行业协会、整合行业媒体资源、让行业资深人士代言,或者也可以通过非竞争关系的上下游企业帮忙互推等方式,提高直播的关注度。

8.3　内容需要极其专业、深度和有趣

与 C 端客户消费相对感性不同,B 端客户会对产品和 To B 企业进行全方位的评估,并结合自身实际情况进行选择。所以,对于 To B 企业来说,内容的专业、深度尤为关键。

首先,To B 企业要明确自己的产品可以为客户提供什么价值。客户购买产品的第一目的就是解决运营和发展过程中遇到的问题,因此为有需要的客户提供一个解决问题的途径是输出内容的一个重要方向。

其次,To B 企业要通过内容向客户传递自己的价值观和对行业的理解,即预见趋势、体现专业性。通常一家比较成熟的 To B 企业都拥有完善的文化体

系，价值观则是文化体系的集中表现。每一个客户都希望和实力强大、拥有正向能量的 To B 企业进行合作，而价值观则是这些特质的最佳体现。

在进行内容营销时，To B 企业要充分表达自己对行业的了解。一家在某一领域深耕多年的 To B 企业应该能对行业趋势和现状做出一些判断，如政策解读、行业常见痛点、市场未来发展方向等，这些内容能让客户觉得 To B 企业更专业，从而产生更多信任。

此外，为了增加客户浏览内容的耐心，内容还要富有趣味性，例如加入一些故事或成功案例等，而不是长篇大论技术或政策。To B 企业需要通过通俗、易懂的内容表现产品的优势与特点，让一些非专业的客户也能理解。

8.4　优化标题，增加关键客户曝光率

对于图文作品而言，标题都是最先给人们留下印象的，所以，在标题中体现客户的需求对增加点击率有着至关重要的作用。想要起好一个标题，必须抓住客户的心理。例如，一个为客户介绍中小型企业营销方案的内容，如果取名"十大最适合中小型企业的营销方案"就远没有"客户从 0 到 100，10 种方法提升业务转化效率"吸引人。

营销的目的是增加客户，促进业务转化，把客户的需求在标题中表现出来更容易吸引目标群体。除此之外，还可以制造一定的悬念，引起客户的阅读欲望。

标题的分类必须精准，现在很多平台都会将同类内容放到一个板块中，以便大家进行检索。在这种情况下，标题的分类必须足够精准，才可以被平台分入正确的板块，吸引特定的客户，从而避免因为板块划分错误而导致目标群体定位失误、阅读量急剧下滑。

　　由此可见，To B 企业要在标题上充分体现客户的需求，这样才能激发客户点击并浏览内容的欲望，为内容增加更多的流量和关注度。

8.5　巧用热点，吸引客户注意力

　　热点事件总是更容易吸引众人的目光，To B 企业要想提高内容的曝光度可以选择热点事件作为主题，这样可以增强内容的吸引力，使 To B 企业及其产品快速走入公众视野。

　　采用事件营销往往是性价比最高的营销方式，但其难点在于如何将自家产品相关内容准确、及时地与热点事件结合。

　　特殊情况下，全国的大中小学开始上网课，钉钉作为教育部公布的首批教育移动互联网应用程序，自然成为学校上网课的首选工具。相关数据显示，钉钉在此期间的累计下载量超过 10 亿次，一度超过微信。

　　虽然钉钉很受欢迎，但在视频网站，也出现了吐槽钉钉的视频，虽然其中有一些视频是学生在发牢骚，但也暴露了钉钉服务器卡顿等问题。

　　面对来势汹汹的差评，钉钉没有站在道德的制高点，给出官方且正式的回应，而是在微博上发了一张表情包，用调侃的语气说："我知道，你们只是不爱上课。"这句话也表明了钉钉对差评的态度：不是自家产品不好，而是学生调皮。

　　钉钉的应对方式比较委婉。钉钉还通过阿里巴巴旗下的新媒体账号助推，既对差评做了解释和澄清，又用卖萌的语气塑造了人格化品牌形象，提升了客户好感。经过一轮应对之后，舆论已经不像之前那么激烈了，而是向钉钉希望的方向发展。此时钉钉选择趁热打铁，借助这次事件的热度，在两天后放出了第二次"求饶"视频，更将话题推向了有利于自己的高潮，如图 8-2 所示。

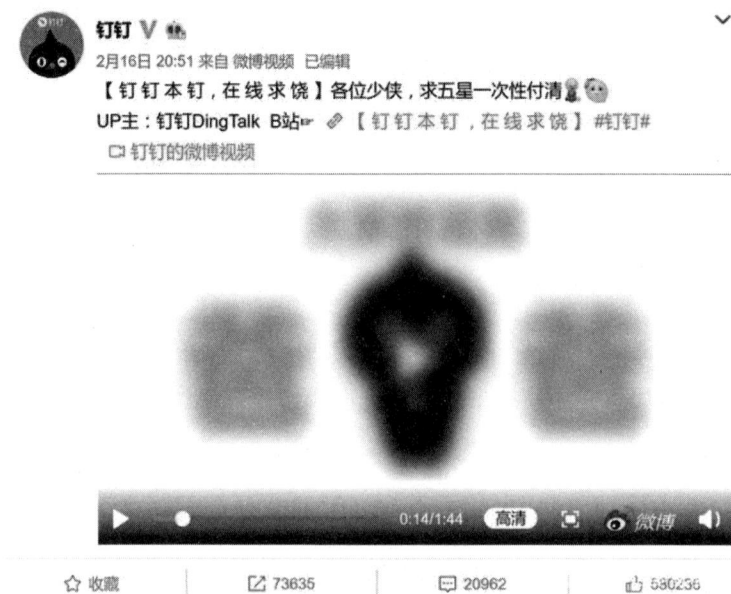

图 8-2　钉钉"求饶"视频

　　这段视频用歌曲的方式，表达了对大家的"服软"，也借此阐述了自身的难处。视频放出后得到了广泛关注，钉钉这样放低姿态不仅让它重获好评，又让观看者从视频中找到了认同感。

　　自此，不仅钉钉的评分开始提高，随之而来的媒体报道还为钉钉带来了正面传播效果。在此次事件中，钉钉的营销策略是非常成功的，既逆转了差评的劣势，又利用热点让品牌形象深入人心，进一步推动了产品传播。

8.6　用故事替代枯燥的描述

　　为了增加内容的可看性，To B 企业可以将内容故事化，通过故事引起客户的共鸣,从而增加点击率。例如,一些音乐类 App 中有很多音乐账号,它们不是单纯地播放音乐,而是以音乐和讲故事的方式让人们聆听故事。如果人们身上有和故事中人物非常类似的经历,那他们就愿意成为某个主播的听众,从而愿意留在该账号。

在制作内容时,有时故事结构过于简单,无法刺激人们的兴奋点,这就导致内容的耐看性大大降低,从而无法让内容获得很高的关注度。这样的问题该如何解决呢? 大家可以从故事结构入手,以小见大地细化故事,这样不仅可以增加整个故事的信息量,还能使故事的耐看程度大大提升,吸引人们想要更深入地了解故事内容。

在 To B 领域,直接介绍业务和产品,并且罗列一些案例是十分常见的内容表现方式。例如,一家主营 SaaS 业务的 To B 企业,其内容通常先介绍业务的具体内容,再介绍自己之前合作过的客户及成功案例。

这样的故事结构,中规中矩,但不够引人入胜。对此,To B 企业可以选择某一个典型客户的案例,从问题到场景再到具体的解决方案,对该案例进行详细分析。例如,可以先说明客户在经营方面出现了什么问题,然后说明该客户的需求,最后说明 To B 企业的产品如何帮助该客户解决问题,这样就使内容多了一些干货,即实用的解决方案,而不是从头到尾都在纸上谈兵,这种故事也更容易引起客户的共鸣,促使其联想到自己的问题。

8.7 如何在知乎做好 SaaS 内容营销

近几年,知识分享类平台取得了非常迅猛的发展,知乎是其中比较典型的一个例子。从目前情况来看,知乎已经成为中国首屈一指的分享类社区,发布在上面的帖子不仅有很强的专业性，还包含了丰富的互联网文化，其受众群也变得越来越广。

To B 企业的核心理念比较适合在知乎宣传，例如，在知乎上进行产品测评、新产品技术解析等。那么，To B 企业应该如何利用知乎做营销呢？有以下几种方法，如图 8-3 所示。

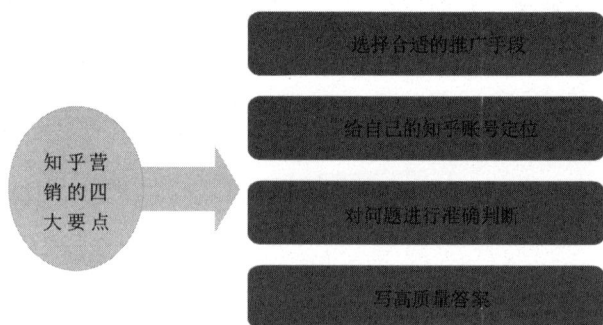

图 8-3　利用知乎营销的四种方法

1. 选择合适的推广手段

知乎的推广手段有两种，第一种是在自我介绍中加入推广信息；第二种是在回答问题的结尾处加上推广信息。这两种推广手段各有利弊，第一种的展现效率很高，不管读者有没有看完帖子，都有机会看到推广信息，缺点是转化率会比较低；第二种的展现效率比较低，但转化率非常高，因为一个愿意将帖子看到最后的人，很大概率会想去进一步了解品牌。

2. 给自己的知乎账号定位

为了营销的精准性，To B 企业还要给知乎账号定位，选择一个合适的话题，然后把这个话题做好、做精,从而吸引更多客户。例如,专注 SaaS 业务的 To B 企业可以找一些与 SaaS 有关的话题,针对这些话题进行多角度、高质量的内容输出。

3. 对问题进行准确判断

在提问前,企业要先判断这个问题可能获得的关注度,因为关注度越高的问题,越有可能形成热点话题,使更多人参与讨论。例如,体验式提问、推荐式提问一般都能引起广泛关注。

4. 写高质量答案

答案质量是决定关注度的关键,一个优质的答案应该有两大特点:亲身体会和图文并茂。客户通常都比较关注答案的真实性,而不是答案的文采,图片就能极大地增加答案的真实性。To B 企业只要保证图片的质量,帖子就可以取得不错的传播效果。

5. 多平台品牌建设

除了知乎外,To B 企业还要注意在许多平行的展示空间进行品牌建设,如百度百科、360 百科、百度知道、搜狗问答、天涯问答、百度文库、百家号、得到、官网等。

8.8 石墨:召开发布会吸引客户

曾几何时,互联网行业是最为火热的行业,无数搭乘时代列车的创业者都或多或少地尝到了甜头。但随着互联网红利期落潮,C端市场受整体环境影响增速降低,大众将目光投向了B端市场,公司级客户作为较稳定的盈利来源受到了追捧,一时间价值迅速攀升。

在B端市场,越来越多的SaaS产品崭露头角,例如WPS领跑全场,腾讯文档专注品牌背书,飞书成为后起之秀。目前我们不难发现,很多客户对购买拥有优质服务的协同办公软件并不吝惜成本,因为一款优秀的协同办公软件能够大大减少员工之间的沟通成本,为各部门提供更高的办公效率。

而就在此时,石墨发出了自己的声音。2021年12月,石墨召开了名为"一座兼容传统与创新的数字化之桥"的品牌发布会,正式发布面向B端客户的协同办公软件——石墨办公。下面将从两个方面阐述石墨办公是如何打破协同办公软件行业的竞争壁垒的。

1. 云 office

石墨办公打破各类文档格式之间的壁垒,推出云office三件套来解决交流双方文档格式不同的问题,降低沟通成本。石墨办公着眼于巩固自身特色,即坚持核心的协同观念。例如,石墨应用表格采用不同视角生成不同视图,从不同维度来观测项目进度,此举打破了传统表格类产品的单一视角观测,可以节省大量时间。

2. 数据安全

线上办公已经成为非常多企业的选择,即时通信、视频会议、文档协作也因此成为B端协同办公软件的开发方向,数据安全也成为客户对办公软件的需求之一。尽管大部分办公软件对数据安全都有一定的造诣,但石墨办公通过严苛标准打磨出来的文档安全服务有其亮点，其拥有内容保护机制，为让客户使用得更安全。

石墨通过发布会让更多客户看到了其闪光点，这也正是发布会营销所带来的积极影响。以技术与品牌作为背书的石墨，为成为 To B 领域的重要参与者，只有不断推出更多优质服务，以此来吸引更多客户开展合作。

石墨自成立至今已经荣获了多项奖项。石墨依托我国的 B 端市场，服务了众多客户。可以说，石墨凭借协同办公软件在 B 端市场闯出了自己的一片天。

09

第 9 章

品牌传播：打造品牌，树立行业领先形象

ToC 企业面对的客户是个人，容易通过促销活动、明星代言等方式打开市场，实现品牌传播。但 To B 企业则不同，其面对的目标群体是更理性，而且十分注重产品质量的公司级客户。当然，这并不意味着 To B 企业不需要重视品牌传播，因为其产品的客单价更高，进行品牌传播反而能为其带来更多利润，使其受到更多客户的喜爱。

9.1　B 端服务需要极强的信任

To B 企业之所以能与客户保持长期关系，是因为客户对 To B 企业有着极强的信任。没有客户愿意在交易中上当受骗，甚至承受损失，因此，对于客单价较高的 B 端业务来说，客户更倾向于和自己信任的 To B 企业合作，尤其双方在刚开始建立合作关系时，信任是最难建立的，而信任感的建立来自客户对 To B 企业综合、全方位的衡量。

客户对品牌的态度取决于品牌自身，一旦 To B 企业和客户建立了信任，那么双方就会形成一种感性的投资行为，这种行为不仅可以帮助 To B 企业提升自身价值，还可以增加客户黏性，为双方未来不断达成业务合作保驾护航。信任的建立是可持续的，能与客户建立高度信任的 To B 企业还有机会获取更多客户，为自身未来的发展奠定基础。

那么，To B 企业应该如何与客户建立长期的信任呢？

1. 体现专业性

专业性是客户与 To B 企业合作的基础。每个客户都希望帮自己解决问题的人足够专业，以省去自己的研究时间和成本。如果 To B 企业能做到在营销过程中对专业问题对答如流，甚至还能为客户优化现有方案，那就很容易得到客户的信任。

2. 重视客户的利益

商业合作建立在双方互利的基础上，To B 企业在营销过程中要时刻表现出为客户着想的态度，给客户足够的安全感，才能得到客户的信任。

3. 充分重视人的作用

客户的企业里通常会有一两个负责决策的关键人物，To B 企业在营销过程中要注意分析这些关键人物，把取得他们的信任作为重点工作。此外，商业合作有理性，也讲人情，与负责决策的关键人物保持融洽关系，非常有利于双方的再次合作。

4. 维护品牌与口碑

主动寻找客户不容易，那有没有办法让客户主动找上门呢？答案就是建立品牌，维护口碑，让客户慕名而来。一个强有力的品牌可以缩短 To B 企业与客户建立信任的时间，还可以提高 To B 企业在交易过程中的话语权，确保 To B

企业占据优势地位。

9.2 建设品牌形象，打响知名度

大多数企业的基本运营路径都是：把产品先做出来，然后卖出去。而一些 To B 企业的运营路径却是先把产品卖出去，再设计或生产出来。例如，一些为客户提供 SaaS 解决方案的 To B 企业就属于先将想法卖出去，再打造相关服务。

所以，在 To B 企业的营销过程中，客户的选择尤为重要，而选择权重则来自客户对 To B 企业品牌的好感和信任感，通常品牌越强势，客户选择的概率就越高。一家想吸引更多客户的 To B 企业应该如何打造形象鲜明、特点突出的品牌呢？

基于品牌识别，To B 企业要综合多方面打造一个核心的品牌形象，然后围绕该形象进行营销，使该形象深入人心。品牌形象一般由两方面组成：一是有形内容，二是无形内容。或者说品牌形象由"形"与"神"构成，只有形神兼备，才能建立一个完美的品牌形象。

其中，有形内容指的是品牌的功能性，即品牌与产品或服务的关联性，如员工形象、办公环境、业绩数据、社会形象等，客户可以从这些内容中看出产品或服务是否能满足自己的需求。而无形内容则是指品牌的独特魅力，是客户可以感知到的品牌个性，如文化、价值观、服务理念等，这些内容可以让客户对品牌多一些好感。

对于 To B 企业来说，品牌形象建设并不是无关紧要的工作，打造一个优势品牌形象可以提高产品或服务的传播效率，帮助 To B 企业打开销路，降低其获客难度。

9.3　成功客户背书，增加品牌美誉度

一些初次与 To B 企业合作的客户往往缺乏安全感，会怀疑产品效果、性能等，这时 To B 企业就要用成功客户的信任背书，证明自己的实力，消除客户的疑虑。

信任背书通常包括以下几种，如图 9-1 所示。

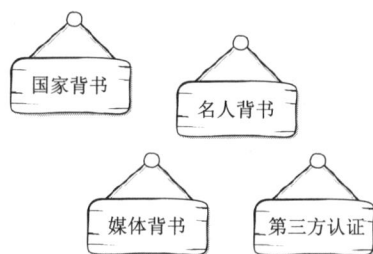

图 9-1　信任背书的形式

1. 国家背书

有的国家会代表一个大的产品品类，如瑞士钟表、法国香水、德国汽车、中国高铁等，因为在生产这些产品方面具有优势。对应 To B 领域，如果 To B 企业的 SaaS 业务属于本国的核心品类，那就可以利用相关力量为 SaaS 业务背书，从而推动 SaaS 业务进入市场。

2. 媒体背书

一些权威媒体在客户心中有广泛的认知度和较高的可信度，当这些媒体为

To B 企业、产品或老板背书时,客户就会将对媒体的信任转移到对应的 To B 企业、产品或老板上。例如,当 To B 企业的老板被权威媒体认可或称赞时,客户就会认为这个老板值得信赖。

3. 名人背书

名人背书十分常见,例如,很多 To B 企业都会邀请明星担任品牌代言人。名人将信誉延伸到特定的品牌,能够加深客户对于该品牌的信任。但需要注意的是,名人背书有时是一把双刃剑,一旦名人的信誉受损,品牌也会被影响,而且名人和品牌定位是否匹配也很关键。

4. 第三方认证

第三方认证包括正式和非正式两种。正式的第三方认证包括 ISO9001(质量管理体系标准)认证、中国名牌等由第三方机构颁发的认证书。非正式的第三方认证包括销量数据、上市身份、与相关机构的合作关系、相关机构颁发的奖项、战略合作协议等。

9.4 提升宣传覆盖度,使 To B 企业走向台前

微信、短视频、直播等媒体渠道越来越丰富,也扩展了人们获取信息的深度和广度。从前,我们买衣服和鞋子只能知道它们的品牌,并不能知道它们的面料供应商是谁,而随着技术的发展和媒体渠道的多元化,获取这些信息不再是难事。

或许在不久的将来,客户可以通过更多渠道了解 To B 企业的真实情况,甚

至通过评判其供应商做出购买决策，到那时，To B 企业、B 端客户、终端客户之间便没有了信息差。因此，To B 企业必须主动走到台前，运用各种媒体工具与客户近距离对话。

奥美上海集团总裁曾这样评价 To B 企业营销："它们虽然不直面消费者，但可以驱动消费。"全球知名的信息技术和业务解决方案厂商 IBM 在近几年的发展过程中始终坚持走向台前，宣传自己。此外，对于自己主导的产品交付以及作为合作伙伴的供应商的产品交付，IBM 都会用心推广。IBM 不只关心自己的机器，还关心自己在客户、政府、公众间的影响力，当然，这并不是只为了博得名声和影响力，而是为了转变角色。

当 To B 企业走向台前，越来越多地暴露在客户视野中时，社会对其的要求也会日益增高。在这种情况下，To B 企业必须维护自己的形象，设计专业的营销方案，多展示正面、积极的内容，避免因为不重视营销，被媒体放大劣势，影响业务增长。

9.5　创始人背书，提升信任度

背书原是指在转让支票的过程中，转让支票的人要在支票背后签名（或盖章），对这张支票负某种程度上类似担保的偿还责任，后引申为担保、保证的意思，即需要对承诺的事情或说过的话做担保、保证。

在商业社会里，创始人作为一个特殊群体，能够代表 To B 企业或品牌的灵魂。创始人通过建立自己的个人品牌，在各种场合向客户传递正面思想，能够让客户将对个人品牌的信任转移到 To B 企业或品牌上，实现很好的背书效果。

一些创始人由于具有远见卓识、创新精神和强大的领导能力,在客户心中已经形成了强大的个人品牌。他们利用各种公共场合,通过讲故事的方式与客户分享成功经验和失败教训,以此来加深客户对自己的印象,进一步优化自己的个人品牌。

例如,述信科技创始人彭圣才就建立了很有吸引力的个人品牌。他身上有很多标签,如不焦虑、不安分、不妥协、极具个性、不会被他人的价值观所影响、十分关注企业数字化转型、资深围棋爱好者等。同他共事过的人也评价他充满活力、勤勉乐观、有好奇心。

在创立述信科技前,彭圣才曾经在互联网、人工智能等不同行业就职,而且取得了骄人的成绩。到了 38 岁时,他毅然放弃了稳定的职位和不菲的收入,决定从 0 开始创业。最终他选择了一条比较艰难却十分正确的道路——深入 To B 领域,为客户做定制化开发,帮助客户打造数据库,使客户尽快完成数字化转型工作。

彭圣才不鼓吹奋斗文化,十分关心和体谅自己的员工。他平时经常参加同行聚会,与大家一起探讨数字化转型的未来趋势。他也会公开宣传公司及公司旗下的软件和系统,希望可以让客户对述信科技产生信任感。在这个过程中,他不仅为述信科技吸引了更多客户,也树立了良好的社会形象,使自己的个人品牌更深入人心。

当创始人从幕后走向台前,他说出的每一句话、做出的每一个行动,都属于一种公开承诺,而且不只代表了他自己,也代表了 To B 企业。如果 To B 企业的创始人可以用言行为自己的产品背书,会大大提高客户对产品、品牌的信任度。

9.6　巧用热点营销，做自传播品牌

热点营销指的是利用社会上在某一时段内曝光度较大、社会关注度较高的事件，通过策划和营销手段让品牌参与其中，实现对品牌的推广。当然，这样的行为必须是在保证合理合法，不违背公序良俗的前提下，此类营销必须慎之又慎。热点营销在网络时代是一种常能见到的营销方法，可能对品牌推广有益处。

当前，流量红利逐渐消失，公域流量成本不断攀升，To B 企业要更善于利用营销资源。之前一些 To B 企业面对眼花缭乱的互联网打法缺乏招架能力，品牌声量被严重挤压。因此，在当下这个流量时代，To B 企业要审慎分析热点营销具有的优势和劣势，扬长避短。综合来看，热点营销的优劣势见表 9-1。

表 9-1　热点营销的优劣势

优　势	劣　势
收益率	To B 企业如果有负面新闻，容易被舆论攻击。可能无脑蹭热度
渗透性强	
整合资源，形成口碑	
避免信息干扰	

如上表所示，热点营销有四个优势，分别是：收益率；渗透性强；整合资源，形成口碑；避免信息干扰。

第一，热点营销的收益率。在热点营销中，事件一般是当前社会关注度高的热门事件，可以节省一部分广告费用。

第二，渗透性较强。热点营销的关注度通常较高，许多不关注广告的客户也

能了解品牌及其产品。

第三,能够整合资源,形成口碑。热门事件一般在传播过程中会整合多重媒体,如电视、报纸、微博、微信等各种线上线下媒体。热点营销能够使品牌信息也兼具多种媒体的传播。

第四,能够避免信息干扰。信息大爆炸时代,信息的来源又多又广,客户在面对纷繁复杂的信息时,很难将夹杂在其中的品牌信息有效地区分和辨别出来。事件营销能够让客户直接接触品牌信息。

凡事都有两面性,尤其在信息高度透明的时代,To B 企业大多处在聚光灯下,任何行动都备受瞩目。假如 To B 企业本身有薄弱点和劣势,那就可能在舆论上被指摘,最终造成难以挽回的损失,因此,在进行热点营销时,To B 企业应当注意这一点。无脑蹭热度更是严重的错误。

9.7　腾讯云:打造数字化品牌展厅

To B 企业面向的是公司级客户,其产品大多单价较高,而且交易过程复杂、服务周期较长,大多需要专职团队对接。在这种情况下,To B 企业要想让自己的品牌获得更广泛的传播,就需要向客户展示更高的权威性、专业性、可靠性。

对此,线上数字化品牌展厅就是一个不错的选择。随着互联网的发展,即使没有办法做线下展厅,To B 企业也可以通过微信公众号展示自身形象,让销售人员与客户进行一对一沟通。例如,腾讯云就把相关活动信息以及大客户的成功案例和访谈节目,集合到"腾讯产业＋"小程序中,客户可以从这些内容中全方位了解腾讯云,如图 9-2 所示。

图 9-2　腾讯产业＋：数字化品牌展厅

在腾讯云的"产业＋"分类中，集合了企业实力、标杆案例、价值观、专家简介等信息，这些信息大多以图文的形式展现，相当于一个电子版的品牌手册，这个手册不仅不会被客户随手扔掉，还能随时更新信息，甚至提醒客户及时查看。

10

第 10 章

视觉吸引力:优化视觉设计,让品牌深入人心

在信息大爆炸时代,与大段的文字相比,直观的视觉画面更能让客户产生深刻印象。举一个比较常见的例子,人们在观看影片时,成段的台词和背景介绍可能在电影结束时就被人们遗忘,而那些动人的画面却能在接下来的几天都清晰地出现在人们的脑海里。因此,To B 企业要学会充分发挥视觉锤的力量,捕捉客户的注意力,让客户的认知资源聚集在一起。

10.1　视觉锤:产品深入人心的秘密

视觉锤理论由劳拉·里斯提出,她认为,传统的定位理论主要依靠文字的力量在消费者心中占据一席之地,这显然是有缺陷的,品牌要想深刻、长久地留在消费者心中,还需要有视觉上的辅助和配合,有时视觉的作用甚至大于语言的力量。

在信息大爆炸时代,光凭语言、口号是很难让人们记住一个品牌的,这是因为人的左右两半大脑分工不同。左脑是语言思考区域,是线性的、理性的;右脑是意象思考区域,是感性的。To B 企业如果想将品牌深入客户的内心,最好的手段不是通过文字,而是通过视觉锤,制造情感上的波动和共鸣。

钉钉就深谙视觉锤理论,在长期的实践中获得了良好的成效,客户一看到钉钉的 logo 就会联想到该品牌，如图 10-1 所示。

图 10-1 钉钉的 logo

钉钉的 logo 有闪电、钉子的含义，表示快速必达、尖锐、唯快不破，这和钉钉想为客户打造一个商务沟通和智能移动办公平台的目标相符。此外，该 logo 也代表钉钉有敏锐的市场嗅觉和强大的响应能力，这对于客户来说是很重要的优势。

现在有些 To B 企业因为自身条件所限，往往在起初时候草率确定 logo，结果在运营一段时间后想要调整 logo 就会十分困难。为了避免这种情况，在设计一个 logo 前，To B 企业首先要确定品牌想传递的核心内容，将其转化为文字概念表达出来，并使其变成将要钉入客户心智的语言钉。这里所说的文字概念应该是可视觉化的，我们可以在此基础上建立视觉锤，与语言钉结合起来，让品牌得到更好的宣传和推广。

10.2 开发视觉锤的七要素

视觉锤可以帮助 To B 企业在客户心中建立生动、形象、深刻的认知，要想开发视觉锤，To B 企业要从形状、颜色、产品、包装、动态、创始人、符号 7 个要素入手。

1. 形状（Shape）

易企秀是一个营销创意设计平台，专门为客户提供从创意设计到敏捷营销的一站式解决方案，其品牌标志是由"易企秀"的拼音首字母（E、Q、X）组合而成的莫比斯环，整体风格简洁、优美，很有辨识度，如图 10-2 所示。莫比斯环的形状代表了易企秀的产品特征，体现了易企秀致力于为客户打造营销闭环的愿景，可以让客户留下深刻印象。

图 10-2　易企秀的品牌标志

2. 颜色（Color）

颜色是视觉锤的一大要素，能起到推广品牌的作用，例如，纷享销客选择了显眼的明黄色作为品牌标志的底色，加深了客户对其的印象，如图 10-3 所示。

比起使用多种颜色，纷享销客这种单一、像警告标识一样的明黄色显然就非常有辨识度，这种方法就是用颜色给品牌建立一个独特的视觉锤，从而延伸广告内容，也更容易让客户记住。

图 10-3 纷享销客的品牌标志

3. 产品（Product）

有时产品本身就是视觉锤，例如，劳力士拥有超高辨识度的表带，就是它独一无二的视觉锤。B 端产品通常以平台或 App 的形式出现，此时 To B 企业就可以将其首页或者功能界面设计得更有吸引力，使其迅速占据客户的心智。例如，一体化客户联络解决方案提供商智齿科技的首页就很有意境和艺术感，可以给客户一种美的享受，如图 10-4 所示。

图 10-4 智齿科技的首页设计

4. 包装（Package）

有时产品换一个包装就能在同类产品中脱颖而出。IBM 曾经推出过很多非常有美感的包装，如图 10-5 到 10-7 所示，成功赢得了全球客户的喜爱。在 IBM 的包装上，"IBM"作为基础要素是肯定会出现的，这样有利于让客户对品牌有深刻的记忆。

图 10-5　IBM 的包装一

图 10-6　IBM 的包装二

图 10-7　IBM 的包装三

5. 动态（Action）

随着短视频、互联网的兴起,动态效果逐渐取代平面效果走进人们的视野,因为前者让产品显得更有生命力。To B 企业可以在广告中加入与产品相关的动态画面,把一些重要信息以立体化的方式传达给客户。当然,To B 企业也可以将平台首页设计成动态效果,这样可以使产品与其他同类产品区分开来,从而提升吸引力和竞争力。

6. 创始人（Founder）

不少人都有名人崇拜情结,媒体和大众会更加喜闻乐见这些名人的故事,给予其更多关注。很多创始人和其一手打造的品牌一样出名,如苹果的乔布斯等,这种创始人的形象塑造,可以让品牌收获双倍关注。

创始人的公众表现、言谈举止往往能给品牌带来很大的附加价值,一个好的创始人就像"关键意见领袖"一样,能用寥寥数语影响客户的决策。创始人的某些行为可以拉近品牌与客户之间的距离,从而为品牌塑造的理念增加真实感。

7. 符号（Symbol）

独一无二的品牌标志是最直观的视觉锤,如小鹅通的"鹅"、腾讯的"企鹅"、苹果手机的"缺了一口的苹果"等,这些独一无二的品牌标志让客户一眼就能识别出是哪个品牌。

品牌标志一般是一个特别简单的图案,例如,销售易的标志就设计得很简洁,是中文名称和英文名称的组合,如图 10-8 所示。而诸如联易融这样的标志就显得比较复杂了,如图 10-9 所示。需要注意的是,复杂的标志如果设计不好,很可能会降低视觉锤的效果，从而无法让客户对品牌产生十分深刻的印象。

图 10-8　销售易的品牌标志

图 10-9　联易融的品牌标志

To B 企业可以从上述案例中吸取经验，并将这些经验应用到打造适合自己的视觉锤上。

10.3　产品标语：一句话连接客户需求

产品标语即产品广告语，是一个广告的中心，通常由一句话构成。好的标语能够加强客户对产品的印象，让客户迅速记住产品的主题或特点。很多市场上耳熟能详的标语，并不是多么言辞优美、有传播性，相反大多比较简单。再加上 To B 企业投入大量资金，坚持不懈地打广告，不停在客户耳边重复，于是客户就潜移默化地记住了标语，并在潜意识中影响了自己的消费选择。

在消费大爆炸的时代，每天都有很多标语在不断刷新客户的记忆，但客户依然可以记住那些朗朗上口的标语，如钉钉的"让进步发生"、企业微信的"让每个企业都有自己的微信"、飞书的"先进企业，先用飞书"、小鹅通的"一分钟帮你打造自己的知识店铺"等,取得这样的好成绩除了有这些大品牌投入资金反复刷屏的功劳外,还有优质标语发挥的作用。

那么,To B 企业如何才能创作出优质产品标语呢?首先要了解其现状,大多数产品标语归为以下三种类型,如图 10-10 所示。

图 10-10　产品标语的三种类型

1. 平庸型

平庸型的标语,基本按部就班,没有出彩的地方也没有太大的错漏,这种标语通常会被其他品牌优质的标语掩盖,因此,这种标语需要花费大量费用,不断重复传播,才能让客户想起。

2. 优秀型

优秀型的标语,目标感十分强,针对客户的需求打出口号,把产品的卖点清晰地展现给客户,此类标语通常针对消费场景与核心卖点构成标语,用最短的叙述突出产品的特点,让客户能迅速联想到产品的功能和作用。

3. 淘气型

淘气型的标语,常是另辟蹊径、角度新奇,而恰恰是这种标语却让客户很难忘,有些甚至会被客户拿出来与他人分享谈论,成为网络流行语,此类标语通常是"语不惊人死不休",蕴含一种幽默与调侃,与产品的特点相结合,从而让客户喜闻乐见。

想要创作出优质的标语,创新是关键,不仅思路要创新,语言也要创新,让客户一见难忘,才能快速引爆产品销量。

标语是产品或品牌的核心,是对于客户最直接的影响,其作用不仅是要客户潜移默化地接受产品,更是要达成让其主动传播产品的目的,这时就要利用反差和冲突,来强化客户的记忆。例如比起一般的发型,人们对光头的记忆更加深刻。这种方法一是通过改变人们一贯看事物的角度,来吸引人们的注意力;二是利用反差和矛盾冲突营造话题性,让大众主动对其进行传播。

电影《阿甘正传》,通过塑造一个智商 75 的人的成功过程,来塑造反差。因为人们对于成功人士的一贯印象是聪明而机智的,电影里却让一个智商 75 的人做了很多常人难以做到的事,这在一定程度上冲击了大众的思维方式,从而让阿甘成为经典角色。这就是反差与矛盾冲突的魅力,切中要害塑造具有冲击力的形象,才是标语创作的关键。

"段子"式的标语,更具话题性和记忆度,最主要是能更容易让大众主动传播。"段子"一般分为铺垫和笑点两部分,所谓铺垫和笑点,是指在故事前后要有反差,最好能最大程度超出受众的预期,让人感觉有趣。

以美团网为例,其早期主打的卖点是"快",那时美团的标语是"美团外卖,送啥都快"。假设某 To B 企业要以"快"再创作一条标语,应该怎么创作呢?

1. 两种解释

所有现象基本都存在两种或两种以上的解释,我们要做的就是多选择几个角度去解释产品,最终达到让客户耳目一新的目的。对此我们可以多找几种关于"快"的解释,例如,"快"可以解释为不需要等太久,也可以解释为神速或者飞速,而后者明显带有夸张意味。我们还可以加上一些对比,如"比火箭都快""快过川剧变脸"等,以便更形象地让客户理解"快"的含义。

2. 选择预期之外的解释

"段子"创作的关键就是营造超出受众预期的反差,对此可以为"快"设计一个铺垫,再以预期之外的故事作为它的结果。例如,设计一个以"快"著称的形象,如孙悟空、超人、闪电侠等,那么,新的标语就可以是"每个闪电侠,都曾是英雄"或者"我们的产品,孙悟空都追不上"等。

以上为大家提供一个思路,这种带有反差感和幽默感的标语,常会在第一时间给人以冲击力,达到一见难忘的效果。

3. 达到惊人效果

惊人效果一般是指标语完全突破客户的心理预期,让客户眼前一亮,从而去主动传播。但 To B 企业要切记,不能用力过猛,如果话题恶俗,则会给产品带来负面影响,即使广告语能迅速传播,也只是臭名远扬,还不如本本分分地宣传产品。

10.4　品牌配色:在潜意识中形成视觉暗示

品牌常是视觉与故事的双重结合,做品牌就是讲故事,而颜色是最好的辅助工具。对于一个初创品牌来说,logo 的颜色会直接在客户心中形成第一印象,例如，星巴克的绿色咖啡杯和吉百利的紫色包装纸，这些颜色很容易让人想起该品牌的产品。所以对于一个新品牌来说，logo 的颜色可以帮助其快速定位目标群体。

之所以要为品牌选择合适的配色，是因为人的大脑拥有强大的视觉信息处理能力，比文字信息处理能力要强万倍，这说明比起文字，客户更容易记住图片和颜色，尤其是一些视觉冲击力强的图片和颜色。

很多品牌根据自身的特点对 logo 的颜色都有设计，如图 10-11 所示。

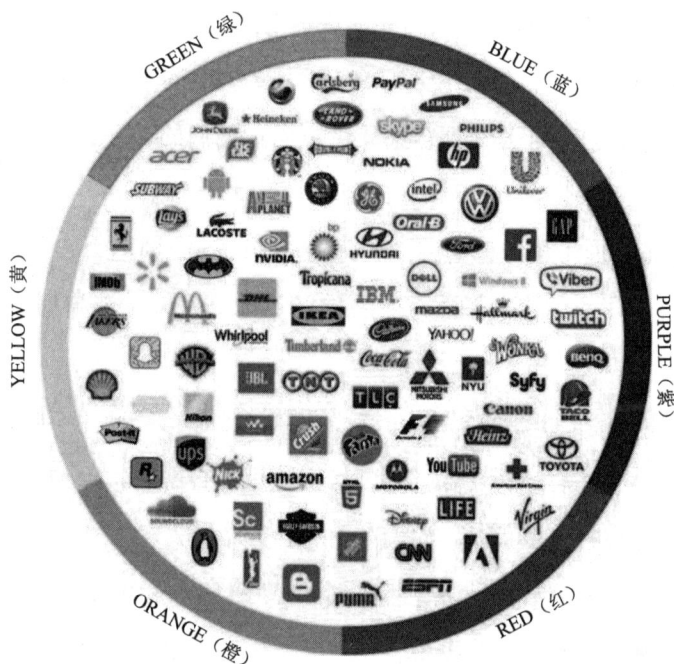

图 10-11　各大品牌标志色轮图

如上图所示，不同类别的品牌会倾向于不同的颜色，如橙色象征快乐、能量、社交、友好、热情、阳光，通常被认为是刺激食欲的颜色，而且因为比较明亮也会应用于警告标签、零售或行动呼吁中。

绿色象征自然、财富、鲜活、生命、和谐、环境、新生、成长，会让人感受到生机，通常被认为是平静的颜色，所以经常会被用来代表环保机构。

蓝色象征稳重、可靠、诚信、平静、酷，是非常流行的颜色，会让人产生信任感，通常应用于互联网企业和金融机构。

红色象征吉祥、喜庆、热情、盛大，高科技企业、零售企业很喜欢。

就像品牌名称一样，logo 颜色的内在含义也会成为品牌的内涵，并且对提高品牌辨识度有很大帮助，所以，树立品牌需要颜色和形象的帮助。《市场营销中色彩应用差异》一文中，着重说明了各行各业在使用颜色时的不同。

例如 75％的信用卡公司都会把蓝色应用于他们的 logo 上，而只有 20％的快餐品牌的 logo 才会应用蓝色；红色出现在零售品牌 logo 上的概率为 60％。客户每天要面对近千条广告的视觉轰炸，这些 logo 的颜色会在潜意识中形成视觉暗示，让客户对品牌形成一种固有的认知，从而在消费时影响客户的选择。

如果关注一些大企业的 logo，可以发现蓝色很流行。蓝色实际上是在向客户传达一种"令人安心的产品"的信息，特别适用于金融、科技、健康等领域的行业。而红色的喜庆、进取也是一些大企业的心头之好。

谈到品牌配色，就要讲一讲色彩心理学，即颜色与人类反应的关系，懂得色彩心理学，才能更好地用颜色击中客户的痛点。对于颜色给人的感觉，至今也没有一个明确的界定。黑色在某种情况下可能代表稳重和可靠，而在另一种情况下就会代表压抑和不安。

因此，情境和目标人群都会对色彩的解读产生影响，一种颜色可能引起多种联想，这种联想的内容是由受众的经历、文化、性别、年龄等因素决定的。例如，下面的海报中，颜色让人印象深刻，如图 10-12 所示。

图 10-12　海报

虽然没有一种颜色能保证品牌绝对成功，但有些颜色已经在某些人的脑海中形成了某种思维定式，与固有的联想联系在一起了。

那么，To B 企业应该如何设计自己的品牌配色呢？以电视剧为例，一些人物或背景对比度强的剧，画面会有些失真，影响观众的观看效果；而一些注重整体色调协调感的剧，画面则会显得非常有质感，大受观众欢迎。做品牌配色设计同样也是如此，既要让客户眼前一亮，画面还要和谐，让客户易于接受。下面介绍几个设计品牌配色的技巧。

1. 色彩的饱和度偏低，明度接近

大红大紫极富视觉冲击力，也存在过的可能，一些品牌的 logo 选用中间色调，降低饱和度。

2. 配色贴合品牌的气质

在选择品牌配色时，不能依据个人好恶，要更多地考虑品牌的形象和目标客户的形象。例如，如果产品适合科技公司使用，那么 To B 企业则可以选择蓝

色,代表专业;相反,如果 To B 企业选择粉色,则与科技公司的气质不符,无法准确地向客户传递品牌文化。

10.5　图标设计:简约且丰富

视觉锤的主要作用是通过对视觉的刺激,设计品牌的差异化,以此与其他品牌形成区分,让品牌能更快地被识别出来。例如,企业服务提供商用友以中文字体作为主体,突出品牌名称,促进广泛传播。在图标方面,用友选择以红、灰为底色进行搭配,其中,红色象征活力、热情,体现了其蓬勃发展;灰色则代表智慧、专业,体现了其权威性,如图 10-13 所示。

旧标志　　　　　　　　　　　　　　新标志

图 10-13　用友的图标

此外,世界各大知名品牌的图标演变都是在逐渐加强视觉锤的作用,而且在演变过程中会尽力使图标变得越来越简单。例如,IBM 于 1946 及之后更新的 logo 就放弃了之前那种非常复杂的设计,只保留了最重要的"IBM"字样,如图 10-14所示。

其实无论是用友还是 IBM,都在建立视觉锤等式,将品牌与更简单的图形画等号,尽可能降低客户的记忆负担,以此让客户对品牌形成更深刻的印象,从而更快地识别出品牌。

图 10-14　IBM 的 logo 演变

10.6　情感价值：影响客户情绪，形成共鸣

客户在选择产品时，很多时候是由感性思维决定的。研究表明，人脑的理性思考区域和感性思考区域是不会同时工作的，也就是说，人在被情绪支配时通常是不会进行理性思考的。所以，把情感融入视觉锤，充分调动客户的情感共鸣，是打造爆款产品的一个方向。

消费行为学认为情绪对客户的决策能产生关键的影响。客户的购买过程一般分为需求识别、搜集信息、评价备选、选择和购后评价五部分。

在进行需求识别时，客户一般最先关注的是自己的感情需要；搜集信息一般是指品牌的知名度、产品的优劣、性价比等；在评价备用选项的过程中，客户大多是凭借自己的主观想法去分析收集到的信息；购后评价一般是评价产品是否符合自己的主观期待。

很显然这一系列过程都贯穿着客户对于情感的需要。正面的情感会使客户在选择产品时更积极,迫切地想要了解更多产品信息,对品牌产生依赖感,从而影响下一次购买决策。负面的情感则正好相反,它会增强客户在购买过程中的理性判断,并让客户在情绪上更容易做出不利于产品的选择,降低其对品牌的整体印象。

因此,在设计视觉锤时,To B 企业要多关注客户的情感需要,这一点要贯穿于品牌运营的整个过程,要适当对客户的情感做出引导,营造积极的情绪,从而提升品牌的竞争力。

情感化设计是提升客户体验感的关键,每个客户都希望自己在使用产品时得到情感上的互动,所以,把握好情感化设计更能抓住客户的心。如今,客户对产品的需求不再只有实用性这个单一的标准,而是更希望在操作中附带情感上的互动。情感化设计能缓解客户的负面情绪,帮助其快速熟悉产品的功能。

情感化设计指的是用特定的设计吸引客户的注意力,与客户的情绪反应建立联系,从而诱发这种情绪反应来产生共鸣。客户的这种情感波动,会降低其理性思考的概率,从而觉得产品的某些功能特别打动自己,最终购买产品,这也是有些客户会冲动购买一些产品的原因。

《设计心理学 3:情感化设计》提到人的本性分为本能的、行为的和反思的三个层次。根据这个观点,我们可以将情感化设计分为本能水平的设计、行为水平的设计和反思水平的设计三部分。

1. 本能水平的设计

本能水平的设计是指根据人的本能去设计产品,主要支配因素有视觉、听觉、触觉等。例如,客户选择一个自己第一眼看到的产品,一般都是出于本能选择符合自己视觉审美的。本能水平的设计，一般在视觉上的应用比较多，让客户看到产品的外观就有想购买的冲动，以满足其对于此类产品的情感需求。

2. 行为水平的设计

行为水平的设计是指设计产品的效用即产品的功能，这种设计一般都是针对客户的实际操作，如果产品操作简单、实用性强，且为客户考虑，那么它就能得到客户后续的关注。如果本能水平的设计是敲门砖，那么行为水平的设计就是决定客户是否愿意继续购买产品的关键。

如果体验感极差，那么再好看的产品也只是空壳子。另外，新产品面世和旧产品更新都需要客户重新了解产品的操作流程，对此 To B 企业需要设计文字说明帮助客户了解新功能。文字说明一定要用通俗易懂的图文，明确地告诉客户产品发生的变化，节省客户的时间。

3. 反思水平的设计

客户在使用产品后，一般会对产品进行再评价，即评价产品是否真正符合自己的需求，在这次评价中，理性思考会占上风，还会涉及客户的文化、教育、个人经历等因素。有些客户会认为产品很好，而有些客户则会认为产品不好，大家的认知和思维方式都是不同的。

在大多数情况下，产品不能只满足客户的使用需求，而是应该进一步满足客户的情感需求，要做到这一点，To B 企业应该确保产品与客户画像相符。因此，在设计产品时，To B 企业必须经常思考自己在同类产品中的特点以及产品是否匹配客户的自我认知。

10.7 明道云:客户是最好的老师

明道云是业界领先的 aPaaS 平台服务商,专门帮助客户以低代码或零代码的方式搭建信息化管理系统。2019 年,明道云一经推出,就获得了可口可乐亚太地区技术中心、北矿集团、艾默生等大型客户的支持与认可。在客户的助力下,明道云扛过了比较艰难的时刻,未来可期,当然,这也与明道云重视产品设计有关。

明道云的产品总监毕业于工业设计专业,在设计方面颇有心得。他和普通艺术生不太一样,他更喜欢理性、含蓄的设计风格,所以在设计明道云的 UI 系统时,他依然延续了这样的风格,充分凸显了自己的理工男气质。

明道云是一个将应用开发过程视觉化、交互化的软件,UI 系统往往是软件的核心组成部分,必须尽量满足客户随时进行交互的需求。同时,明道云的产品团队规模不大,大家都是根据实际任务来分工协作的,相当于人人都是产品经理。

产品总监虽然是一名艺术生,但负责的工作都比较复杂,也受到了质疑,因为很多人都认为产品总监至少要懂技术,有一些行业相关经验。但明道云很不一样,它就是一款乐高软件,没有行业壁垒,也不限使用方式,客户可以用它来打造管理员工的应用。

从这个方面来看,做明道云这种零代码 aPaaS 产品不需要很高超的技术和大量的经验积累,关键在于将客户的合理需求转化为一个个功能,并定期对这些功能进行迭代与优化。而且,艺术生出身的产品总监有较高的艺术修养,对客户的视觉感官体验有很强的洞察力,更容易设计出具有美感、可用性、友好性的产品，客户也能更迅速地理解和使用产品。

为了充分挖掘客户的需求，明道云打造了一个需求池，里面积累了上千条需求，而且其中 70% 以上的需求都已经被采纳和处理，见表 10-1。

表 10-1　明道云的需求池

	需求标题	提出者	重要程度	需求来源	处理阶段
1	统计图表可以进行二次筛选	郑祥杰	★★★★	客户	已发布上线
2	工作表－移动端记录卡片前三项可自定义	窦怀威	★★	客户	已发布上线
3	选项字段内容能自定义设置颜色	熊敏	★★★	客户	已发布上线
4	"部门选择"支持工作流更新	黎文翰	★★★★	客户	已发布上线
5	基础板块支持皮肤设置，或者调整一下颜色和字体	吕萍	★★★★	客户	已发布上线
6	支持基础模块的颜色或者皮肤设置	吕萍	★★★★	客户	暂不采纳
7	视图权限"当前用户的下属"建议贯穿所有下属层级	薛晨	★★★★★	客户	已发布上线
8	企业微信明道任务中的操作，不会在消息页面提醒	刘禹	★★★	客户	暂不采纳
9	工作流新增记录节点支持批量新增	郑祥杰	★★★★	客户	已有功能
10	工作表用户权限增加导出内容的控制	吕萍	★★★	客户	已有功能
11	手机端支持从表记录创建任务	郑祥杰	★★★★★	客户	近期解决
12	数值控件的单位建议可以设置为多选的功能	黎文翰	★★★	客户	将来解决
13	全局搜索能否增加项目权限下我可见的任务，不仅限	郑祥杰	★★★★	客户	已发布上线
14	工作流的审批节点支持手写签名	薛晨、张娇姣	★★★★★	客户	已发布上线

明道云是零代码 aPaaS 产品，面对的客户很多，使用场景也是多元化的，这就需要产品团队不断学习，拓宽视野，提升自己的能力。与此同时，明道云的客

户都非常有创造性和想象力，产品团队在和客户进行需求沟通时，会获得意想不到的好主意，可以说，客户就是他们最好的老师。

很多客户对明道云的印象是页面简洁、操作流畅、功能齐全，也许这就是对拥有艺术造诣的产品总监，以及用心对待客户的产品团队，最公平、公正的评价和认可了。

11

第 11 章

规模化运营：裂变扩张，摆脱增长困境

有些 To B 企业很早就设计了一套完善的客户增长方案,结果客户根本不买账,拉新工作受到极大阻碍,客户增长情况也没有像预期那样好;而有的 To B 企业虽然有一批忠实客户,但客户增长一直比较缓慢。无论是哪种情况,To B 企业都需要改变运营思维,以客户为中心进行裂变式的规模化运营。

11.1　改变运营思维,让客户变被动为主动

传统的 To B 企业都是销售人员主动去找客户或等着客户主动上门咨询,这样的方法效率太低,而且很难获得精准的流量。所以,To B 企业要转变思维,让客户变被动为主动。不管是 B 端还是 C 端,当销售人员主动去联系客户时,客户往往是抗拒与怀疑的态度。

有经验的销售人员一定有过这样的体验:站在大街上向往来的行人推销产品时,十有八九会被拒绝,这可能是因为销售人员推销的产品对客户而言是没有价值的,客户可能在这方面确实不存在需求。

客户购买一款产品是因为产品的价值能够满足他的需求,当一个客户主动联系销售人员时,一定是带着某种期待或想解决某种问题的。很多销售人员在宣传产品时,都喜欢反复强调产品的功能、优点或促销打折的力度等,但其实真

正有效的推广并非一味地说产品的好处，而是应该针对客户现实存在的需求与其想象中的愿景来进行推广。

所以，To B 企业可以让产品实现自传播，这样即使销售人员不四处推荐，客户也会自己上门咨询。俗话说，好产品自己会说话，那么，如何让产品开口说话呢？

这需要 To B 企业采用积极的营销手段帮助产品进行自传播，具体来说，To B 企业应该找到核心群体进行产品扩散，即最愿意接受产品的这部分群体，并将营销内容投放到这部分群体中，从而引发积极的自发传播效应。

To B 企业需要绘制精准的客户画像，找到最容易接受品牌和黏性最大的群体进行品牌投放，这样往往能产生更大的边际效应。而对于中小型 To B 企业来说，营销手段则需要谨慎考虑后选择，试错成本的相对有限决定其不能采用平铺式宣传。

在新媒体浪潮下，营销方式五花八门，并且随着互联网技术不断创新，营销渠道更是呈倍速增长，中小型 To B 企业只有选择合适的平台、创作合适的内容，才能够在营销浪潮中脱颖而出。

综上所述，To B 企业想要实现产品的自传播，最直接的方法就是提高产品的质量，用高质量的产品打动客户，真正解决客户的需求，以此建立长期的信任关系。

11.2　流程化、可复制的 GTM 战略

GTM 战略（Go－To－Market，进入市场）是指在产品上线后将产品的价值传递给客户，即将产品的核心信息以合适的形式呈现给客户，并产生实际效果。

To B 企业需要根据客户的购买旅程（意识、考虑、购买决策、产生效果）制定 GTM 战略，具体可以分为四个阶段：寻找潜在客户、发现客户需求、产品演示、客户成功，如图 11-1 所示。

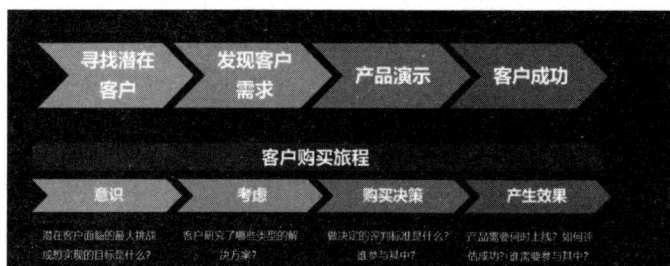

图 11-1　GTM 战略的四个阶段

1. 寻找潜在客户

寻找潜在客户的方法因市场环境而异。例如，向大型客户销售复杂解决方案的 To B 企业可以使用这些方法：举办线上或线下活动、向目标群体发送电子邮件、利用现有关系网触达客户等；向中小型客户销售简单解决方案的 To B 企业更适合通过内容营销触达客户。

在寻找潜在客户的过程中，To B 企业不能只进行一次尝试，而应该通过多种媒介与客户进行持续沟通，为客户提供各种不同的信息。

2. 发现客户需求

很多 To B 企业在挖掘客户的需求时都会犯一个错误——制作 PPT 介绍产品的特点和优势，并培训销售人员如何讲 PPT。机构的研究显示，业绩最好的销售人员在与客户通话的过程中，大部分时间都在聆听，而不会说很多话。

销售人员需要倾听客户的问题，理解客户在说什么，分析产品是否可以帮助客户解决问题，再根据客户的表达调整自己的方案。销售人员在第一次和客户见面时，应该根据客户目前在购买旅程中所处的位置，为客户提供建议，帮助客户选择合适的产品。

3. 产品演示

一旦了解了客户目前在购买旅程中所处的位置，销售人员就可以判断产品是否可以为客户解决问题，如果可以，那销售人员就可以根据客户的需求进行产品演示。需要注意的是，销售人员要针对不同类型的客户演示不同的产品功能，必要时还应该使用不同的语言，这样可以将客户的需求与最适合的产品功能联系起来，从而进一步提高转化率和客户留存率。

4. 客户成功

客户成功的宗旨不是想尽办法签订单，而是为客户创造持续的成功。向大型客户销售复杂解决方案的 To B 企业可能需要和客户开会，帮助客户优化产品和资源配置，并为客户安排培训课程，指导客户使用产品。向中小型客户销售较简单解决方案的 To B 企业可以组织线上一对一会议，通过视频课程为客户做培训。

在客户成功阶段，To B 企业需要总结客户希望达成的目标，一旦客户达成目标，To B 企业就可以提出进一步的增购和复购建议。一般来说，销售人员也需要参加会议，对产品和其他重要情况进行说明，并介绍后续过程中的关键信息。

11.3　AARRR 漏斗模型：从早期客户到规模客户

对于 To B 企业而言，运营是占据主导地位的一项重要工作。当下很多 To B 企业都觉得只要做好产品和服务就可以，但其实 To B 企业的运营大有讲究。运营的关键在于建立健全的量化机制，用每一个普通数据与指标去衡量大问题、大指标下的影响因素，从而找到优化方向与不足之处。

从漏斗模型 AARRR（Acquisition、Activation、Retention、Revenue、Referral）的角度来看，客户运营体系可以分为客户获取、客户激活、客户留存、获得收益、推荐传播五个环节，这五个环节涵盖客户从开始体验服务到推广产品的整个流程。

为客户分层是一个动态演进过程，当 To B 企业对客户的使用状态进行划分，客户便不再是一个整体，而是被分为不同的层级。在这种情况下，To B 企业要根据客户所处层级制定策略，从而推动不同层级的客户进行交易，实现客户的差异化运营。

客户在使用产品时，通常会进入注册、活跃、付费、忠诚等不同阶段，对于处在不同阶段的客户，To B 企业会开展差异化的运营策略来促使其向下一阶段转变。

（1）注册：To B 企业希望客户可以深入体验产品，成为活跃客户。

（2）活跃：提高产品的使用频率，最好可以促成转化。

（3）付费：首次付费，并逐步提高客户的忠诚度。

（4）忠诚：做好忠诚客户维护。

如果 SaaS 面向中小规模企业，当客户数量较多的时候，企业需要使用 RFM

模型(衡量客户价值和客户创利能力)，将客户按照最近一次消费、消费频率、消费金额三方面进行细分，以便更好地满足客户需求。此外，对于付费层级的客户，To B 企业要按照 RFM 模型构建一个数据立方体，把客户分成几种不同的群体，如图 11-2 所示。

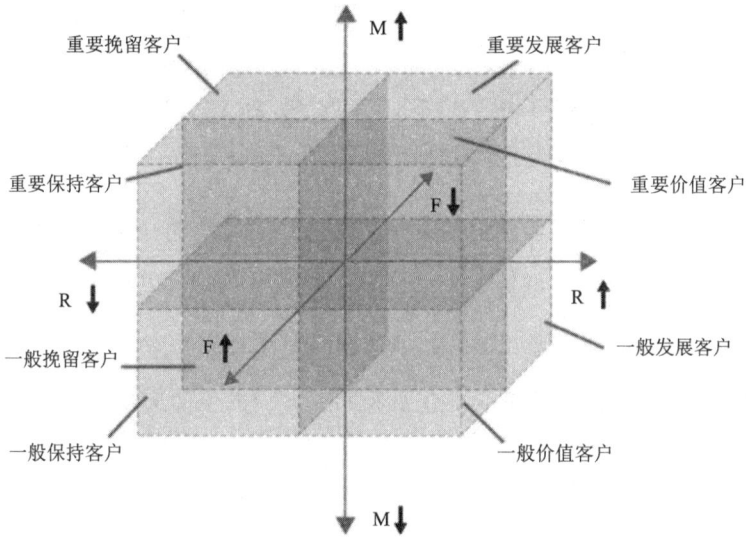

图 11-2 RFM 模型

重要价值客户：最近一次消费时间近、消费频次和消费金额高，该群体是运营的重中之重。

重要保持客户：最近一次消费时间较远，但消费频次和金额高，这是一类忠诚客户，需要 To B 企业主动联系、用心维系。

重要发展客户：最近一次消费时间较近、消费金额高，但消费频次和忠诚度不高。虽然他们的忠诚度不高，但消费金额很可观，是 To B 企业需要重点发展的潜力客户。

重要挽留客户:最近一次消费时间较远、消费频次不高,但消费金额高,这部分客户即将流失,需要 To B 企业制定相应的措施进行挽留。

与 To C 企业相比,To B 企业的运营不需要面向太多受众,但维护老客户、发展新客户的宗旨没有改变。本节提到的差异化运营是对客户的尊重,也是 To B 企业维系客户的方式。

11.4　客户生命周期管理:提高盈利增长效率

从接触产品到流失,客户会经历一个完整的生命周期,因为 To B 企业一般不做一次性生意,所以要把握好与客户接触的每个节点,以挖掘客户的更大价值。To B 企业在留存客户与运营私域流量时要以客户为中心,围绕客户的生命周期把握盈利增长点,而不能全凭主观臆断。客户的生命周期如图 11-3 所示。

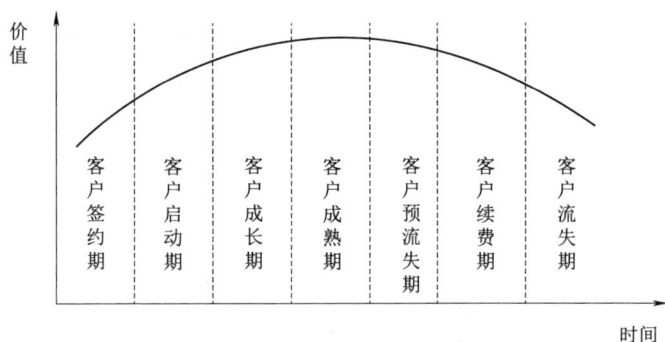

图 11-3　客户的生命周期

围绕客户在各阶段的需求,明确各阶段需要达成的目标,并设计配套的客户管理工具,可以更好地实现客户运营,发现客户更多价值。那么,在不同的阶段,To B 企业应该如何做才能增加成单、续费的可能性呢?

1. 客户签约期

在客户签约期，客户会根据已知的信息对产品有一个大致的预期，他希望自己买到的产品与已知信息描述一致，并且符合或超越自己的预期。To B 企业在这一阶段的主要目标就是合理控制客户预期，不做出夸大或无法达成的承诺。对此，营销和销售部门需要有统一的产品或服务介绍，避免在成单前过分提高客户对产品的预期。

2. 客户启动期

在客户启动期，客户需要快速使用产品来解决自己的问题，他希望产品的使用成本较低且能立刻见效。To B 企业在这一阶段的主要目标是帮助客户快速启用 SaaS 系统，满足其个性化需求。对此，To B 企业可以和客户明确双方需要配合的工作，以书面形式确认下来。To B 企业还可以举办一个小型项目启动会，使客户感觉到自己被重视。除此之外，To B 企业还要根据客户购买时的初衷，在完成初始化的启动后，安排有针对性的讲解及使用培训，最好能建立标准化的培训流程，降低客户的学习难度。

3. 客户成长期

在客户成长期，客户希望自己在使用产品的过程中发现的任何问题，都有人及时解答并指导操作。To B 企业在这一阶段的主要目标是高频跟进产品使用情况，及时响应客户的问题。

To B 企业可以根据客户使用数据，定期回访客户，特别是当使用数据异常时，要及时向客户了解原因，查清问题所在。另外，To B 企业还要建立完善的线上服务体系,串联起产品、销售、技术、服务等部门的工作,确保能及时与客户沟通,缩短解决问题的时间。

4. 客户成熟期

在客户成熟期,客户需要探索产品深度功能,希望通过更好地使用产品解决更多问题。To B 企业在这一阶段的主要目标是打造 KOL 客户,用头部客户带动腰部客户,吸引客户解锁高级功能。To B 企业可以定期拜访头部客户,向他们倾斜资源,然后用线上直播、线下沙龙等方式,加大客户之间的交流,增加腰部客户的需求。

5. 客户预流失期

在客户预流失期,客户可能因产品无法解决自己的某些问题,而产生了不再续费的想法。To B 企业在这一阶段的主要目标是掌握客户的需求变化情况,在特殊问题上主动提供解决方案。To B 企业可以定期回访客户对产品的使用情况,及时了解客户内部的业务变化、人员变化等情况,据此主动提供解决方案,以增加产品的价值。

6. 客户续费期

在客户续费期,客户可能又有了新的产品需求,决定对比多家产品,重新决策。To B 企业在这一阶段的主要目标是提前介入,用资源倾斜等方式挽回客户的心。To B 企业可以在使用期限过去三分之二时提前介入,分析客户的续约概率及不续约的概率,用发放优惠等形式,吸引高意向客户提前续费。另外,无论客户是否续费,To B 企业都要做好原因记录,定期做客户续费分析,以此推动产品的不断升级与完善。

7. 客户流失期

在客户流失期，客户因某种原因（产品不满意、业务变动等）放弃使用产品，转而选择了其他产品。To B 企业在这一阶段的主要目标是通过新产品、新优惠尽力挽回流失客户。如果客户最终流失，To B 企业要做好流失客户标记，详细记录客户流失的原因，并据此制定挽回方案，避免同类型客户再次流失。

客户的运营和留存要以客户生命周期为基础，To B 企业必须做大量的跨部门协作工作，建立跨部门合作及沟通机制，把握各个节点，提升客户的留存率。

11.5　蓄积流量，用老客户带动新客户

既然客户愿意购买产品，那就代表客户认可了产品的品质与价格，此时正是 To B 企业积蓄流量，让客户介绍更多新客户的绝佳时机。

首先，To B 企业应该向客户表达感谢，向客户表示自己非常幸运能够与他合作，并强调与他交往的过程非常愉快，然后大胆地邀请他将产品介绍给朋友。在这个过程中，To B 企业可以用一些方法，如给客户一定的特权、承诺优先为客户提供服务等，让客户觉得自己被尊重、被重视，从而让客户对产品更满意。

某 SaaS 服务商参加新产品博览会，群发了近万条面向老客户与潜在意向客户的短信。如果只是一条寻常的邀请短信，可能并不会有很多客户响应，但该 SaaS 服务商在短信中专门加入了这样一句话：“为了感谢新老客户，新老客户凭短信均可享受八八折优惠。”就是这样一句话，使该 SaaS 服务商吸引了一批新客户前来参加博览会，并成功签了几笔大订单。

对于 To B 企业来说，积蓄流量有一个前提，即服务超出了客户的预期，而且客户对产品十分满意。只有这样，客户才愿意介绍新客户来购买产品。

任何一家 To B 企业都不应该轻视客户的社交资源，要诚挚地为客户服务，并坚信得到客户的信赖是理所当然的事，这就要求 To B 企业在升级产品的同时，不断为客户提供差异化服务，以便得到客户的支持和认可。

11.6　整合上下游企业，连接有效资源

正所谓：天下熙熙皆为利来，天下攘攘皆为利往。当对方同样有利益需求时，交易的开展通常会更顺利。利益交换的本质其实就是连接资源，即把一些看起来彼此不相关的资源加以组合，使各种资源得到增值，从而达到互惠互利的目的。

资源链接能力的高低，往往是衡量 To B 企业综合水平高低的一个非常重要的标准。如果 To B 企业希望自己的产品能被更多客户知道，并让客户为自己转介绍，就应该整合上下游企业，将资源连接起来，同时深度剖析客户的心理。

To B 企业要像对待朋友一样对待上下游企业，而不是在对自己有利时才与其合作，没利益就将其弃之如敝屣。在共享的基础上，两个或两个以上企业向彼此开放营销资源进行共同促销，通过优势互补，各取所需、各得其所，或者向彼此开放采购资源以降低成本是很好的方法。

To B 企业应该明确自己想要的资源，了解上下游企业想要的资源，通过资源交换获得自己需要的资源，这就是整合思维。

整合思维可以帮助 To B 企业通过连接上下游企业的资源找到自己需要的客户，实现现有资源的利益最大化，利用现有资源换回自己缺的资源，或以最小

的代价将资源买回来。

整合上下游企业在一定意义上就是实现资源互补。To B 企业之所以与上下游企业交往，除了进行业务方面的合作外，也是想通过上下游企业满足自己的某些需求，这种需求既有精神上的，也有物质上的，就像很多人无论在生活中还是在工作中，都会主动与一些他们想要成为的人交好、合作，通过这样的方法来弥补自己身上存在的某些不足之处，从而达到互利共赢的目的。当然，对于 To B 企业来说，这样的方法同样适用。

11.7　资源置换，构建品牌价值网络

To B 企业之间有时会通过交换资源来进行宣传，以达到品牌共赢的目的，这就是资源置换的初衷。资源置换相比于直接获取流量来说，成本比较低，因此会贯穿于营销推广的全时期。

1. 资源置换方式

常见的资源置换方式有以下几种。

（1）业绩合作。大型 To B 企业一般会有专业负责资源拓展的人员，且需要 KPI 去量化工作效果，一般的考核指标是月均上线××个合作，也就是说，大多数资源置换合作都没有明确目的，仅有数量上的要求。常见的合作方式就是小型 To B 企业蹭大型 To B 企业的热度，或是小型 To B 企业和大型 To B 企业共同给客户送福利。

（2）效果合作。网站上的友情链接和微信公众号的互推都属于效果合作，目的在于快速引入流量。对于 To B 企业来说，效果合作是解决燃眉之急的最好

方式,它相当于在别的平台接了一个流量入口,很快就可以获得收效。

(3)品牌合作。资源置换的最终目的是实现品牌 1＋1＞2 的效果,最终在曝光和口碑上取得双赢。如果 To B 企业在某些领域已经开始有些知名度,就可以尝试品牌合作,常见的合作模式有活动合作、福利合作和定制合作等。

2. 资源置换步骤

既然资源置换要贯穿 To B 企业发展的每一个阶段,那么它的具体步骤是什么呢?

首先,To B 企业需要明确现阶段的发展目标是什么,是促活、拉新还是品牌宣传? 最好定一个相对量化的目标,从而进一步决定资源置换的方向,决定工作效率。

其次,To B 企业要梳理现有资源,明确自己有什么。

最后,当所有准备工作都完成后,就可以去谈合作了。

3. 合作的方法

合作时又有哪些常用方法呢?

(1)友情合作。友情合作就是利用自己的人际关系来换取资源,因此,很多 To B 企业在招聘资源拓展岗位时会要求求职者自带社交资源,以便于他们上岗后迅速发挥作用。

(2)撮合平台。撮合平台是指在领域内一些常用平台发布合作帖子,等对方主动联系。同理,看到其他企业发布的帖子,To B 企业也可以主动去联系。一般发布的帖子对需求描述得越精准,找到的资源也就越精准。

(3)圈内社群。一般行业内部都会有管理者聚集的社群,加入这些社群也很有可能找到合作机会,但仅限于一些优质的社群,那些鱼龙混杂,充斥着中介和伪商务的就不要浪费时间去加入了。

(4)商务邮件。群发的商务邮件不会引起合作者的兴趣,但如果邮件来意明确、表述清晰、有礼貌,甚至附上产品介绍和简单的策划方案,那么即便对方不合作,也不会直接将邮件删除。

建立联系是合作的开始,只有摸清对方的利益点,才能精准地促成资源置换合作。对于小型 To B 企业来说,和大型 To B 企业合作不仅能带来流量,还能获得大企业的背书效应。不管大型 To B 企业提供的是实物产品、优惠,还是资源位,都能帮助小型 To B 企业增加自己的品牌底气。当然,大型 To B 企业也不应该直接拒绝与小型 To B 企业合作,只要不违背品牌形象与客户定位,就可以利用小型 To B 企业推广产品,从而积累更多资源。

11.8　企业微信:和微信互通,释放连接红利

数字化时代的前进脚步从未停歇,新环境、新业态、新秩序的构建让盈利增长逻辑发生了变化,在这种情况下,各类机构需要研究未来生存和发展的新密码,这就为 To B 企业的崛起提供了机会,而企业微信则是其中一个极具代表性的佼佼者。

企业微信提供的产品与服务充分体现了连接力,即成功串联上下游,在开发商、服务商、SaaS 提供商之间搭建了一座桥梁。同时,企业微信又将员工、消费者、供应商串联起来,使产业链上的参与者都成为互利共赢的价值共同体。

某大型集团是企业微信的忠实客户,在企业微信的帮助下完成了数字化转型。通过企业微信,该集团将多个国家的近 20 万名员工连接在一起,这些员工

可以一键登录系统,在企业微信上进行工作交流,实现了异地协作。

某医药企业以药店所在位置为半径建立了近万个社群,覆盖多家门店,并要求所有员工注册企业微信,以更好地服务社群成员。在社群里,企业会为成员提供健康科普、线上问诊、线上购药、用药指导等服务,现在企业微信相当于成员身边的智能健康管理中心,他们可以在足不出户的情况下享受专业、优质的服务。

企业微信正在将连接力延伸、扩大,让越来越多客户实现数字化转型,顺利打造价值共同体。在企业微信的助力下,各种新型模式不断涌现,客户成为数字经济时代的关键生产要素,展现出蓬勃的发展生机。

12

第 12 章

销售及续约：SaaS 产品不是一锤子买卖

很多 To B 企业都知道销售及续约的重要性，并将其看作 SaaS 模式成功的商业密码。对于 To B 企业来说，只要产品的销售量大、续约率高，后期几乎就可以躺着赚钱。但我们不得不承认，想做好销售及续约工作并不是那么容易，需要考虑客户的付费意愿、SaaS 销售模式、互动沟通、全员协作、客户管理等诸多因素。

12.1　客户的付费意愿是销售的重点

通过上网、朋友介绍等方式接触产品，并对产品表现出喜爱之情、有付费意愿的客户，往往可以称为潜在客户。而那些真正产生了购买行为的客户，则可以看作真正有价值的付费客户。To B 企业要想获得更多付费客户，首要任务是激发客户的付费意愿。那么，To B 企业具体应该如何做呢？可以从价格和体验两个方面入手。

1. 价格

没有客户不喜欢物美价廉的产品，客户普遍想用最少的钱买到最好的东西，作为 To B 企业，我们要抓住客户的这种心理，巧用利益引导客户下单。

　　当客户认为产品的价格较高时，往往希望 To B 企业给出一定的优惠，但企业如果答应得太痛快，客户反而会思考产品是否值得购买。因此，To B 企业在与客户交流时不应该先说价格，而是先将产品的性能、质量、材料、规格等卖点讲清楚，让客户建立对产品的价值观，当客户认同产品后，To B 企业可以给予客户一定的价格优惠，通过这样一个有条不紊、循序渐进的过程，中间再辅以心理因素的助力，最终可以让客户享受良好的消费体验。

2. 体验

　　高度重视体验的时代正在来临，客户在选购产品时不会再听信 To B 企业的一面之词，而是更倾向于感官上的亲身体验。因此，To B 企业不仅要深入了解客户的需求，还应该将客户的体验凝结在产品层面，让客户感受到自己被尊重、被理解和被关爱。

　　体验式营销是一种新型的营销方式，注重让客户从感官、情感、思考、行动、关联五个方面体验产品，该营销方式目前正慢慢渗透 To B 市场，成为一种效果显著的接触客户的渠道。体验经济是未来经济发展的主要力量，在体验经济的大潮下，国际上很多知名 To B 企业都通过为客户提供感官和情感的互动服务，来大力实施体验式营销，为品牌推广作出了很大贡献。

　　对于 To B 企业来说，适应并加入体验经济的大潮实为必要之举。To B 企业在销售产品时，需要充分利用客户的感官体验，让客户亲身参与每个环节，亲身体验产品的每个功能以获得更好的宣传效果，从而进一步激发客户的付费欲望。在这个过程中，客户会更深刻地了解产品的优点，最后 To B 企业不用多费口舌，客户也会爱上并购买产品。

12.2　SaaS 销售模式：低接触式/高接触式/混合式

从广义上来讲，SaaS 销售模式主要有三种：低接触式、高接触式、混合式。

1. 低接触式 SaaS 销售

低接触式 SaaS 销售适用于大多数客户，即客户就算不与销售人员进行一对一沟通，也可以顺利购买产品。在进行低接触式 SaaS 销售时，销售人员可以通过网站、电子邮件、微信等渠道与客户交流，或者可以直接让客户对产品进行免费试用。

选择低接触式 SaaS 销售的 To B 企业都会组建客户支持团队，该团队的主要工作是维护客户的长期满意度。在衡量团队的业绩时，To B 企业更多地会使用 MRR（每月经常性收入），MRR 的数值越高，团队的业绩就越好。

2. 高接触式 SaaS 销售

高接触式 SaaS 销售是通过和客户的多次接触说服客户购买产品。选择高接触式 SaaS 销售的 To B 企业应该以销售团队为核心，并将销售团队分解为不同的角色，如销售代表、客户经理等。营销团队则需要为销售团队提供支持，例如提供足够多的销售线索。

综合地看，高接触式 SaaS 销售比较适合小型 To B 企业，因为此类企业有更多时间和精力与客户进行深入沟通，此类企业一旦瞄准了目标群体，就可以动用资源将其转化为付费客户。

3. 混合式 SaaS 销售

现在也有这样的 To B 企业：根据客户的需求使用不同的销售模式，即有时使用低接触式 SaaS 销售，有时使用高接触式 SaaS 销售。在 SaaS 领域，这样的 To B 企业其实是比较罕见的，因为同时尝试两种销售模式，结果很可能是：只有一个销售模式获得了成功，另一个销售模式则没有足够丰富的资源，从而使其销售效果受到严重影响。

对于专注于 SaaS 业务的 To B 企业来说，选择正确的销售模式是很重要的，如果选择错误，To B 企业将会失去获取和转化客户的能力，导致业绩停止增长。相应的，如果 To B 企业可以在降低销售成本的同时使业绩不断增长，那就意味着其当前的销售模式是合理的。

12.3　给予客户安全感，降低获客成本

"客户没有安全感，就不敢轻易购买产品，又何谈多次购买产品。"一位多年从事 SaaS 业务的经理说了这样一句话，这句话也表明 To B 行业当前面临的窘境。客户在购买产品时，首先考虑的是质量问题，质量问题也是 To B 企业要解决的最基本问题。

例如一家金融机构如果有购买 SaaS 系统的需求，那么相关人员基本不可能直接和在网上搜索到的对接人员进行合作，因为交易风险过大、缺少安全感，这时金融机构可能更倾向于寻找专门销售 SaaS 系统的销售人员来为其推荐产品。

安全感是一种个人感受，也是一种心理体验，它来自一方对另一方的感觉。

如果销售人员的言谈、举止让客户放心，使客户感到舒服，那么客户就会有安全感。客户在选择 To B 企业的产品时往往会慎之又慎，因为他的选择往往代表接下来一段时间的项目规划。

如果客户选择产品不当，很可能影响今后的正常生产，为自己带来经济上的损失。因此，很多客户，尤其是 To B 企业的客户，普遍存在避险心理，即宁可产品的价格不美丽，也要质量美丽，这时 To B 企业需要借助品牌的背书作用给客户吃定心丸，让客户有安全感。安全感是交易的基础，人与人之间的安全感是通过相互的交集建立和连接的。

交集可以是生活交集、工作交集或者感情交集，交集越多，人与人之间的安全感就越强。To B 企业与客户建立交集的过程也是加深对客户了解的过程，这不仅有利于 To B 企业获得客户的认可和青睐，还可以使 To B 企业在后续销售的过程中做出更精准的决策。

12.4 找到对的客户才能增加续费率

如果 To B 企业可以根据客户的需求与意愿对其进行分类，从中找到对的客户并有针对性地为其推荐产品，那就可以提升付费率和复购率。相关研究显示，客户一般分为四类：5％的准客户是认同产品的优质客户，需要立刻联系；30％的意向客户购买愿望强烈，但喜欢比较多种产品，最终根据自己的判断选择产品；35％的潜在客户有潜在购买需求但并不迫切，To B 企业要引导他们付费；剩余的 30％是无效客户，To B 企业无法避免这部分客户的存在。

对于不同的客户，To B 企业采取的策略也各不相同。

1.5% 的准客户

5% 的准客户已经认同了 To B 企业及其产品，会上网搜索与 To B 企业及其产品相关的信息，而且付费意愿十分强烈，此类客户人数相对最少，但转化率非常高。

2.30% 的意向客户

30% 的意向客户通常对产品有十分强烈的需求，他们渴求产品能够解决自己的实际问题。以 SaaS 系统来说，如果客户需要购买更高级的 SaaS 系统，那么他们很大概率会选择与自己比较信赖的 To B 企业合作。

此类客户在选择产品时是以自己对产品的信赖度为依据的，因为客户在网上搜索信息时，唯一能够判断信息有用与否的标准是看在自己打开的众多页面里，哪几家网站提供的信息看上去可以解决实际问题。锁定几家网站以后，他会分别咨询，并从中选择一家服务态度好、交流顺畅的网站完成最后的成交。相对来说，此类客户是比较容易转化的。

3.35% 的潜在客户

对于 35% 的潜在客户来说，他们在短期内没有成交的意向或者说成交意向不明确，通常他们搜索信息的目的是收集资料，为日后可能的成交做准备，此类客户转化起来比较困难，因为其需求不是非常迫切。

4.30% 的无效客户

除去前面 70% 的客户，剩余 30% 的客户基本属于无效客户，此类客户几乎没有转化的可能性,因此,To B 企业可以将这部分客户过滤出去,不在他们身上浪费时间和精力。

此外,还有很多 To B 企业常把工作重点放在争夺新客户上,却忽略了维护老客户。确实,挖掘新客户对增加利润有非常重要的作用,但相比于新客户,老客户的价值通常更高。

老客户可以为产品销量带来直接的提升,他们忠诚度高、转化时间短,最容易大量、高频率、重复地购买产品。另外,由于老客户对 To B 企业提供的产品都比较熟悉,所以向他们推销产品的成本也比较低。相关调查表明,To B 企业开发一个新客户的成本是留住一个老客户的 6 倍甚至更多,老客户的重要性不言而喻。

12.5 增加有效沟通,完善客户关系管理体系

对于 To B 企业来说,与客户进行有效沟通是维护客户关系的一个重要方法,这个方法以加强联系为核心,利用相关技术实现市场、销售、服务等环节的自动化,并重视信息的收集、管理、分析,帮助 To B 企业拉近与客户的距离。

现在很多 To B 企业为了更大限度满足客户的需求,希望和每个客户都建立联系,对其进行深入了解。通过建立客户关系管理体系,并在此基础上实施一对一的个性化服务,To B 企业能够以较高的效率解决售后问题、满足客户的需求,促进客户多次续约。

另外,客户关系管理体系还可以加强 To B 企业与客户之间的互动,帮助 To B 企业收集客户的反馈意见,解决客户遇到的问题,最终与客户建立良好的关系,产生更多销售机会,从而提升盈利。To B 企业在建立并完善客户关系管理

体系时，可以从以下两个方面着手：

（1）重视基层部门、员工与客户之间的有效沟通，同时重视与客户沟通的策略。由于受到主观或客观因素的影响，To B 企业与客户之间容易出现承诺和期望不一致、沟通效果差等问题，此时 To B 企业需要在认真分析这些问题的基础上，制定相应的解决方案。

（2）To B 企业应该通过自己已经掌握的数据，分析客户的地域特征与消费习惯，以便更好地满足客户的需求。同时，To B 企业还可以统计并认真对待客户提出的建议与意见，给客户一种被尊重的感觉，从而在此基础上赢得客户的心。

在客户关系管理方面，小米建立了名为米柚的论坛（一个客户的重要集结阵地），有了米柚之后，客户可以将任何想法或者意见发表在上面。如果某一位客户的建议非常合理，那么其他客户就会把这个建议"顶"起来，让小米的工程师或者管理者能够优先看到；而如果客户的建议不靠谱，那么这个建议也会马上被其他客户的想法覆盖。在建议优胜劣汰的进程中，客户的话语能够以最快的速度得到响应。

客户往往都十分重视沟通过程，当自己提出的意见被 To B 企业采纳时，会感觉自己受到了尊重；如果自己的意见不被完全采纳，但只要有众多其他客户为此展开交流，那么客户也会产生一种自豪感与价值感。

米柚的建立不仅对客户之间的沟通大有裨益，对小米的工作人员也有非常高的参考价值。米柚每天会产生 20 多万条信息，小米设置了专门的运营人员归纳处理这些信息，并从中分门别类地提取最有价值的 200 条信息，凡是被提取出来的信息，都会有专人进行跟踪。小米也会通过米柚公开信息采纳、落地等情况，从而让客户产生更强的信任感。

在与客户沟通的过程中,To B 企业可以减少决策所需的时间和精力,降低与客户互动的不确定性,从而让客户充分了解产品的实际情况,增强客户的信心与忠诚度。

12.6 让产品经理听到客户的声音

对于任何 To B 企业来说,客户的声音都是非常重要的,其在很大程度上决定着产品是否需要进行迭代。同样,为了让产品更好地销售出去,并提升复购率,产品经理也需要对客户的意见和建议进行重点分析与研究,以了解客户心中对产品的真实看法。

产品经理在采集客户的意见和建议时,不能只使用简单的问卷调查,而应该通过多种手段进行。例如,产品经理可以使用现在比较流行的大数据分析等技术,科学、客观地对客户的意见和建议进行分析,找出其中最有价值的信息。

产品经理要重视客户的意见和建议,让客户亲身试用产品,而不能只让他们当产品研发过程的旁观者。产品的操作步骤减少,能够在很大程度上使产品获得客户的青睐。产品的使用效果需要客户感受之后给出真实的反馈,而不是由产品经理随意杜撰。

因此,要想让产品被更多客户购买,产品经理需要重视客户对产品的想法,并对这些想法进行仔细研究与分析,帮助产品做进一步改进和更新,这个过程需要以产品经理对市场情况和产品销售情况的了解为基础。产品投放市场,市场会给产品经理一个直接、公平的反馈,市场占有率在评判产品成功与否的过程中起到重要作用。

一款好的产品能够拥有较高的市场占有率,受到客户的欢迎,在这种情况下，产品经理对产品进行迭代，会很大概率使产品成为市场上的爆品。所以，产品经理在明确现状时，也需要将市场考虑在内，以对产品的发展做好规划。

12.7　全员高度协作，贯彻客户需求

To B 企业由多部门构成，每个部门分工不同、职能也不同，各部门之间的关系是否融洽、大家能否做到高度协作都直接影响 To B 企业的运转效率。那么，To B 企业如何实现高度协作呢？具体方法如下所述：

（1）增强各部门之间的协调配合意识。要建立协调配合制度，从制度上保证部门协作的便利性与实效性。To B 企业的管理者要强化各部门之间的沟通与协作能力，将互相帮助、紧密团结的观念潜移默化地植入员工的思想中，促进各部门之间互相协调，形成工作合力。

（2）加强各部门之间的联系与沟通。某一部门在处理自己遇到的问题时，如涉及其他部门职责范围内的事项，则应该由该部门管理者带头，主动征求其他部门的意见，双方要认真协商，To B 企业中的其他相关部门也要积极配合。

（3）规范各部门之间的协调配合。管理者要坚持一件事情由一个部门负责的原则，如果遇到需要多个部门共同处理的事情时，要明确牵头部门，分清主次责任。同时，管理者要制定和完善岗位职责管理制度，规范工作流程，提高工作效率。

（4）通过培训使部门之间、员工之间达成高度的协作精神。部门协作，不仅能提高 To B 企业的战斗力，还能促进整个团队的和谐发展。协作意识的培训不仅能够使紧密团结的理念深入员工内心，同时也能为各部门之间的沟通与交流提供平台。

12.8 建立客户档案,持续提升留存率

为客户建立档案,即按时更新、整理客户资料,这有助于 To B 企业更深入地了解客户,明确客户的需求变化,从而为客户提供个性化服务。To B 企业可从以下三个方面入手,建立客户档案,如图 12-1 所示。

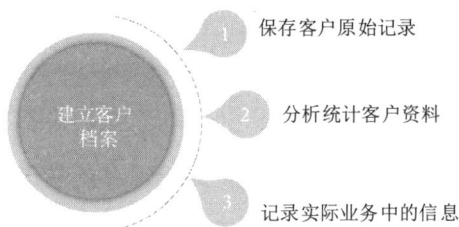

图 12-1　建立客户档案的三个方面

1. 保存客户原始记录

客户原始记录指的是客户的基础资料,包括个人和组织资料、服务关系历史记录等。

(1)个人和组织资料。个人资料包括客户的名称、地址、电话、电子邮箱、年龄、学历、家庭状况、爱好、收入等。组织资料包括组织的名称、性质、所在地、往来的银行、通信地址、电话、资本额、职工人数、经营范围等。

(2)服务关系历史记录。服务关系历史记录包括客户与 To B 企业取得联系的联系方式、双方的会谈记录、信函、客户接受服务的时间与地点、产品的价格、运输产品的物流方式等。

2. 分析统计客户资料

这里的客户资料指的是通过客户分析或信息咨询机构得到的第二手资料，包括客户对产品的评价、客户履行合同的情况、其他竞争者的服务情况、客户特征、客户潜力分析等。

3. 记录实际业务中的信息

实际业务中的信息主要是在 To B 企业与客户联系的过程中所产生的，包括销售人员与客户联系的时间与地点、联系客户的费用开支、给予客户的优惠、为客户提供的资源支持（例如为客户提供配套的零件）、为争取和留存客户所付出的其他成本等。

完善的客户档案是一笔财富，它不仅在维护客户关系方面有着重要作用，还对各部门（生产、财务、销售等）的运营甚至 To B 企业的发展有着深远的意义。

13

第 13 章

数据分析：用数据分析解决 SaaS 产品留存难题

现在是数据大爆炸时代,每天都有各种各样的数据产生,这些数据与客户息息相关,是 To B 企业解决 SaaS 产品留存难题的关键助力。在这种情况下,越来越多的 To B 企业开始重视数据,将自己可以采集到的数据全部收集起来,对其进行深入分析,以实现客户增长。

13.1 市场/渠道维度:获客成本/线索转化/客户价值

在 SaaS 业务中,与市场/渠道相关的数据有三类:获客成本、销售线索、客户价值。

1. 获客成本

获客成本体现的是让客户留存下来的成本,包括 To B 企业为了留存客户而支付的所有费用,该项数据可以帮助 To B 企业衡量销售业绩、改善财务状况,并指导 To B 企业明确未来的发展方向。To B 企业要想降低获客成本,需要找到低成本的获客渠道,或优化试用产品的流程,突出产品关键特性,让产品更易于被客户理解。

2. 销售线索

销售线索是 To B 企业获取商机的重要引擎。相关调查显示,如果 To B 企业可以充分利用销售线索,那么其业绩达标率会比同类 To B 企业更高。To B 企业一般直接从市场部门获取销售线索,但大约只有 30% 的销售线索是有价值的,可以转化为实际业绩。

3. 客户价值

客户价值是 To B 企业从自己与客户的所有互动中得到的经济收益总和,通常被用在营销工作中,该项数据可以衡量客户对 To B 企业的价值,也是 To B 企业能否从客户那里取得高利润的关键参考指标。此外,客户价值也可以指导营销部门策划营销活动,并为营销活动的执行提供一个投入产出比标准。

13.2 产品维度:客户规模/留存率/客户反馈

与产品相关的数据同样有三类:客户规模、留存率、客户反馈。

1. 客户规模

客户规模包括总客户量、日/周活跃客户量等,是对产品现状的一个概括性描述。在此项数据中,活跃客户非常重要,他们是产品受欢迎的有力证明,活跃客户越多,就说明产品正在朝着好的方向发展。

2. 留存率

留存率以客户贡献的财务性收入为衡量标准,反映去年的付费客户在本年度产生的收入与在上年度产生的收入的比例情况。对于 To B 企业来说，留存率可以准确地体现产品被客户的接受程度，一般表现比较好的 To B 企业，留存率应该高于 100%。

3. 客户反馈

客户反馈可以直接反映客户对产品的满意之处和不满意之处，从而帮助 To B 企业了解客户对产品的看法。在客户反馈的指导下，To B 企业可以制定有针对性的挽留措施，以防止客户大量流失，从而进一步提高续费率。

13.3　客户成功维度：月度重复收入/客户属性

与客户成功相关的数据有两类：月度重复收入、客户属性。

1. 月度重复收入

月度重复收入是判断 To B 企业客户续费是否良好的重要数据，可以用来衡量客户保有率和客户流失率。To B 企业要设法增加每个月的稳定收入，并努力吸引更多新客户。但需要注意的是，如果老客户流失问题没有解决，那么吸引新客户就会比较困难，这时 To B 企业应该先找出老客户流失的原因，维持好月度重复收入，在此基础上再去获取新客户。

2. 客户属性

在积累了一批客户后，首先，To B 企业应该对客户属性进行分析；其次，把这些信息与客户使用产品的频率、消费行为等结合在一起；最后，制定相应的措施（例如及时安排销售人员对客户进行回访），以减少客户流失。

To B 企业了解客户属性的优势在于,可以把销售工作精确到每个客户身上,同时也可以将客户归类,分析产品在各类客户心中的口碑,从而更好地设计出受欢迎的产品。

13.4 数据分析方法:对比分析/归因分析

在了解了不同维度的关键数据后,To B 企业就需要对这些数据进行分析,常用的数据分析方法有两种:对比分析、归因分析。

1. 对比分析

在对比分析中,To B 企业应该将数据整理为图表,实现数据可视化。但需要注意的是,To B 企业不必对图表上罗列的所有数据进行对比,只对比一些核心数据即可。通过对核心数据进行对比,To B 企业可以找出自己在不同发展阶段存在的问题,并以文字形式将问题一一罗列,同时附上解决问题的建议和措施。

2. 归因分析

在归因分析中,To B 企业需要借助结果来分析原因,这是一个逻辑推理过程。如果 To B 企业在这个过程中发现问题,如转化率下降、留存率变低、客户满意度差等,那么首先要找出原因,思考问题的来源,然后再有针对性地提出解决方案。

13.5 如何利用数据分析思维,做出优秀的 SaaS 产品

在现代商业中,数据分析思维的重要性不言而喻,对处于 SaaS 领域的 To B

企业来说更是如此。在 SaaS 领域，数据分析思维主要起到两个作用：找到 To B
企业的不足之处；为 To B 企业拓展新商机。

（1）数据分析思维可以帮助 To B 企业了解自己在日常经营中存在哪些问
题，使其知道这些问题是出在市场方面还是出在产品方面。而且，通过数据分
析，To B 企业还可以直观地看出哪个环节的问题最严重，从而集中精力解决这
个环节的问题。

（2）数据分析思维可以帮助 To B 企业找到竞争对手尚未发现的细分领域，
获得新商机。例如，To B 企业可以借助数据分析思维开发新产品，将自己的业
务延伸到新行业。

虽然数据分析思维很有价值，但很多 To B 企业无法将其充分利用起来。
To B 企业可通过以下流程充分利用数据分析思维：首先，To B 企业要明白自己
使用数据分析思维的目的，明确数据是给谁看的、数据产生于什么场景、数据可
以用来解决什么问题；其次，To B 企业要获取与客户相关的数据，分析客户的需
求和消费偏好；然后，To B 企业要通过对比分析、归因分析等方法分析数据；最
后，To B 企业要根据数据分析结果设计产品。

综上所述，数据分析思维在产品设计中有非常重要的作用。例如，当团队内
部出现决策失误或意见分歧时，数据就可以派上用场。大家可以根据数据分析
结果优化决策，对不正确的方案进行调整，在降低风险的同时实现资源的最大化
利用。

13.6　利用数据分析工具，驱动产品迭代优化

有了数据分析思维后，应该如何通过数据驱动产品迭代优化呢？具体分为
如下几步。

（1）搭建产品的指标体系。首先，To B 企业应该基于产品要解决的痛点，找到这些痛点所对应的客户的实际问题场景；其次，针对每个场景，找出产品解决问题的关键功能路径；最后，确认这个功能路径上每个功能的使用情况，使其成为数据分析指标。

（2）通过客户在 SaaS 软件上的相关操作，To B 企业可以提炼对应的数据分析指标，了解各功能的使用情况，分析出流程卡点、歧义点等，精准地找到产品的问题。

（3）采用 A/B 测试机制改进功能，并上线一些新功能。此外，通过部分验证的方式，确认产品问题的优化情况，推动产品迭代走向正确的方向。

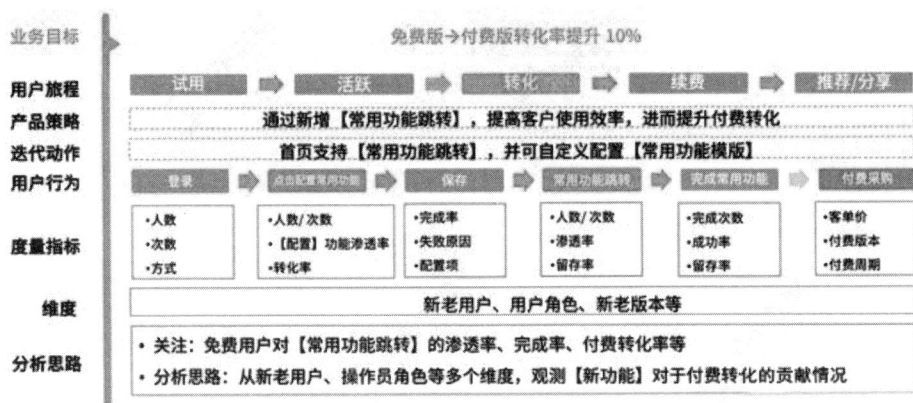

图 13-1　通过数据分析升级产品

图 13-1 是某 To B 企业通过数据分析将免费版产品升级为付费版产品的做法，大家在优化自己的产品时可以参考和借鉴。

14

第 14 章

团队管理：如何组建敏捷高效的团队

《管子·权修》中有这样一句关于人才的名言:"一年之计,莫如树谷;十年之计,莫如树木;终身之计,莫如树人。"一个由优秀人才组成的团队是 To B 企业的核心竞争力,可以带领 To B 企业获得更好、更长久的发展。唯有重视团队的力量,不断加强团队管理,To B 企业才更有可能在激烈的市场竞争中不落下风。

14.1　基于 To B 企业战略,确定团队的组织架构

组织架构是战略实施的载体,必须以战略为出发点和归宿点,以实现预期任务和经营目标为重心,当战略发生重大变化时,组织架构也要随之调整,使之与 To B 企业的发展方向相符。例如,当 To B 企业从单纯研发 SaaS 软件转向销售 SaaS 软件及其配套服务后,就应该增加营销部门、销售部门、数据部门等新部门,同时还要为这些部门安排相应的职责。

广州某 To B 企业在国内设立了四家分公司,主要业务是进行 SaaS 软件的研发及销售,由于市场竞争压力的加大,该 To B 企业急需优化 SaaS 软件的功能,并研发新项目。但因为 To B 企业没有成本核算部门,总经理在经过多番调查后,也没有明确哪家分公司正在亏损,导致他根本不知道要为哪家分公司提供帮助,也不知道应该缩小哪家分公司的规模。

再加上总裁对新项目只有一个大概的计划和方向，也没有技术部门和营销部门可以给他一些建议。最后，该 To B 企业 2022 年第一季度的盈利急剧下降，还出现了严重的资金问题，最后不得不关闭两家分公司来保证正常运营。

根据上述案例，我们可以感受到组织架构的重要性。To B 企业在设置组织架构时，应该坚持战略为先、组织架构后行的原则，尤其现在很多 To B 企业都置身于竞争异常激烈的市场中，根据战略设计调整组织架构的作用就更能显现出来。

14.2　人才招聘贵精不贵多

以下是 70% 以上的 To B 企业都在使用的销售团队招聘流程：

（1）招人；

（2）有业绩的人留下，无业绩的人转岗；

（3）继续招人。

这种模式被称为"鳄鱼理论"，即把小鳄鱼扔到鳄鱼池里，抢到食物的才能活下来，该模式通常以结果为导向。

影响招聘规模的因素通常包括以下两个，如图 14-1 所示：

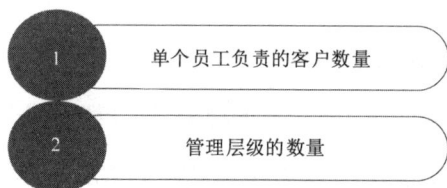

1	单个员工负责的客户数量
2	管理层级的数量

图 14-1　影响招聘规模的因素

1. 单个员工负责的客户数量

员工不但要负责寻找客户、推销产品，有时还要处理一些诸如准备、分析、协调以及售后服务等工作，因此，管理者必须考虑一个员工究竟能够负责多少客户，这种考虑不能主观臆断，而是要做好市场调查，把市场数据和团队实际情况相结合。

很多管理者都会觉得员工的增加会带来业绩的提升，事实并非如此。举例来说，如果把本来 10 个员工可以做好的工作，分给 15 个员工去做，那么很可能会导致员工的士气下降，因为大家都很轻松，缺少工作积极性。而且，很多产品的市场占有率是一定的，如果员工分配不均，就会出现一个和尚挑水吃、两个和尚抬水吃、三个和尚没水吃的现象。

2. 管理层级的数量

管理层级通常分为高层、中层、基层，在 To B 企业中，一些中高层管理者可能会设置关碍，以达到表明自己层级优势的目的，但这样很容易引发上下级之间的矛盾，为了解决此问题，管理者应该学会适当授权。

管理者可以把一些工作交给下属来做，让下属有机会得到锻炼，这样可以让下属感受到自己的重要性和价值，从而在工作时充满热情和积极性，使自己的能力和工作效率都得到进一步提升。

在 SaaS 创业中，常常出现两种管理方面的问题。一种是中层领导天花板问题。这是由于在创业初期，To B 企业的规模、名气都比较小，能支付的薪酬和福利比较有限，导致 To B 企业可以选择和提拔的中层领导也较少。而一旦发展进入轨道，这些中层领导的能力及薪酬的天花板就会限制其打造一个战斗力更强的团队。久而久之，技术能力更强和薪酬更高的人才招聘不进来，而且即使给中层领导加薪,也解决不了问题,换将又容易引起员工波动。

在这个阶段,高层领导或者创始人如何帮助一直跟随团队成长和发展的中层领导加强学习、转变观念甚至使其让出位置就成为关键,此时往往需要用远期激励的方式来解决问题。

另一种是研发部门的中层领导不放权的问题。研发部门的中层领导往往会把很多时间用在管理上,而管理能力在认可度上又不像技术能力那么清晰和简单。因此,研发部门的中层领导往往喜欢将核心业务代码或者核心技术代码控制在自己手中,这种不放权的行为一方面会增加 To B 企业的风险;另一方面也会限制整个团队的综合作战能力和成长空间。

在这种情况下,To B 企业就需要设计制度来保障团队的利益,或者在招聘时就未雨绸缪,选择合适的人才进入团队。

此外,To B 企业的管理者在招聘人才时,要注意以下两个问题:

1. 下属人数不一定越多越好

也许很多管理者的心中都有统帅百万大军的愿望,但人多有可能成为团队发展的阻碍。有些管理者认为自己管理的下属越多,自己就越厉害,便开始招聘大量员工,希望用大规模团队带动企业发展。其实这种想法是错误的,在任何一个团队中,下属人数都不是越多越好,而是应该与团队和整个 To B 企业的实际情况相符。

2. 直接下属人数要控制在 5~8 个

科学研究表明,一个管理者的直接下属最好在 5~8 个,这样整个团队的效率更高。因此,To B 企业在招聘时应该招聘一些精英人才,而不能一味地追求招聘数量,只有形成一个优秀的团队,才能实现以精带多,将精英人才的能力和经验传递下去。

现在很多创始人或者高层管理者都非常重视对下属规模的控制,他们常常设定一个大致的薪酬范围,然后就只专注在人力编制上,也就是用简单的人力编制控制成本。其实团队的梯次配置对能效的提升作用比控制成本大得多,特别是对于创业型的 To B 企业来说,人力编制基本不会冗余,一个人做几个人的工作是十分常见的现象,因此人才贵精不贵多。

14.3 完善培训流程,促进人才快速成长

作为一项基础性管理工作,员工培训已经越来越受 To B 企业的重视,因为现在的竞争已经开始向人才方面倾斜。不过,很多 To B 企业的员工培训都缺乏科学性和系统性。要想解决这一问题,To B 企业必须制订完善的培训计划,具体可以从以下五个方面着手,如图 14-2 所示。

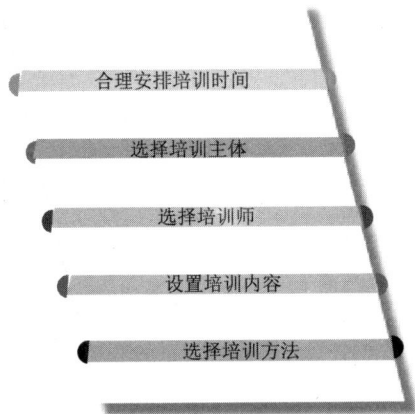

图 14-2　如何制订完善的培训计划

1. 合理安排培训时间

现在大多数员工都会追求工作与生活之间的平衡，所以合理安排培训时间很有必要。一般来说，培训时间可以通过以下三种方式安排：

（1）安排在指定时间内，员工暂时脱离岗位进行全职培训；

（2）工作和娱乐相结合，即让员工在接受培训的同时进行一些游戏项目，从而提高培训的质量和效率；

（3）利用工作以外的时间培训员工，选择这种方式的前提是保证员工心态平衡。

2. 选择培训主体

培训主体就是参与培训的员工，To B 企业应根据培训的目的，例如提高基层员工的能力，提升管理层的管理能力，提升全体员工对企业使命、价值观的践行度等，选择合适的培训主体。此外，还可以根据员工的发展情况、实际业务需要等因素选择培训主体。

3. 选择培训师

培训师是整个培训工作的核心要素，其水平将直接影响培训质量。一般来说，To B 企业在选择培训师时，可以采取两种方式：内部选拔、外部聘请。至于具体采取哪一种方式，To B 企业则需要考虑经济实力和人力资源情况。

4. 设置培训内容

培训内容的设置主要建立在培训需求分析的基础上，即针对不同的岗位与层级,应该设置不同的培训内容。按照培训内容,我们可以将培训分为入门型培训、适应型培训、提高型培训。对于刚进入 To B 企业的员工,应该以入门型培训、适应型培训为主;随着员工的不断发展,为了促进其能力的充分发挥,则需要加入提高型培训。

5. 选择培训方法

培训方法越来越多样化,如讲授法、场景还原法、个别指导法、线上培训法等,为了保证培训效果,To B 企业应该结合培训的目的、内容、资源等多种因素选择培训方法。

虽然培训是重要的,但很多创始人和高层管理者往往会忽视这项工作,他们经常以没有时间、开发任务重、节约经费等为借口不给员工培训。其实,员工进入团队不是单纯地以薪酬为标准的,是否有培训、能否在这里有技术和管理上的成长等问题也是他们非常关注的。而且,做好培训也是提升员工归属感的关键之一,对于团队发展来说是有益无害的。

总的来说,To B 企业在实施培训计划时,需要立足当下,遵循务实求效的原则,换言之,To B 企业要根据自身发展方向和市场变化趋势,分层级、分类别、分岗位地开展培训工作,以增强培训的针对性,确保培训效果,争取让每位员工都可以发挥更大作用。

14.4　建立科学的绩效考核体系

大部分人努力工作的动力是获得丰厚的回报,奖金和加薪是员工们最期待的奖励。但如果管理者没有制定公允的考核标准，或没有严格按照标准执行，奖励和惩罚全凭自己的主观判断，那么员工肯定会产生怀疑，从而不满，最终离职。

同时，随着 To B 企业不断发展，考核模式也需要不断与时俱进，相关负责人应对考核模式进行有标准可循的优化和调整，而非无视员工实际情况，盲目修改。对于 To B 企业来说，科学、合理的考核模式应该满足以下五个原则，如图 14-3 所示。

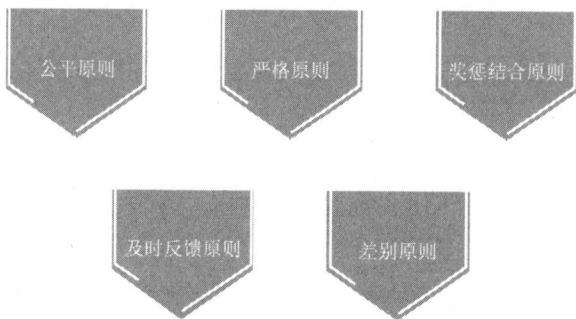

图 14-3　考核模式应该满足的原则

1. 公平原则

公平是对员工进行考核的前提，只有保证考核制度的公平性，才能真正发挥考核对员工个人和整个团队的积极作用。

2. 严格原则

考核制度不能流于形式，而要有明确的标准，以及严格的流程执行规定。

3. 奖惩结合原则

考核制度应该与奖惩制度结合在一起，例如业绩与工资、奖金关联等，这样可以更有效地激励员工提升业绩，使产品和服务得到更大范围的传播。

4. 及时反馈原则

To B 企业在执行考核制度时，要及时地把最终的考核结果反馈给被考核员工本人，还要在肯定其业绩成果的同时说明其存在的不足之处，这样有利于管理者与员工之间的双向交流，否则对员工进行考核就没有太大意义。

5. 差别原则

To B 企业面向的市场决定着其需要对考核标准有明确的差别界限，即对不同员工的不同业绩，划定一个鲜明的层级范围。例如，To B 企业可以根据业绩的不同，为员工设定不同的薪酬，并标明具体数额，让员工有标准可以参考和对照。

一位企业家曾表示，考核制度不公平，一定是最糟糕的人留下。公正、公开的考核制度能够激发员工的积极性，使其为整个团队创造更大的价值。

为了不断完善绩效考核体系，To B 企业要定期复查考核制度是否合理，并及时对不合理之处进行改进。此外，管理者应该学会为员工赋能，想方设法让受到挫折的员工重新恢复自信，同时也要让有能力的员工发挥更强的带头作用。

14.5　快速优化不合格岗位

通用电气前董事长将员工分为三类：20％ 是 A 类员工，70％ 是 B 类员工，10％ 是 C 类员工。其中，表现最好的是 A 类员工，他们满怀激情、勇于负责，不仅自身充满活力，还能带动同事的积极性，提高整个团队的工作效率；B 类员工表现一般，但基本可以做好自己的本职工作；C 类员工是不能胜任岗位职责，需要优化的员工。

李女士是北京一家 To B 企业的销售经理，专门负责销售 SaaS 软件。最近销售部门新招进来两位女员工，其中一个话比较少，但工作很认真；另一个面容姣好，能说会道，很被看好。根据上级的要求，李女士需要在试用期后只留下一个员工。

面容姣好的员工在试用期的前两个月，努力工作，但两个月后，她的业绩表现平平。起初，李女士以为是她还未适应团队环境导致的，所以为了帮助她提高业绩，李女士专门安排了一位经验丰富的老员工带她，但一段时间过去了，她的工作水平依然没有提升。后来李女士专门找她谈话，并许诺只要她能够按时、保质保量地完成任务，一定会给予她丰厚的物质奖励，但还是没有效果。反观另一个员工：工作非常认真，每次都能很好地完成任务。

试用期即将结束，如果因为员工能说会道就留下平庸者，那么难免会让那些业绩优秀的老员工感到不公平，从而影响团队的工作氛围。于是，李女士经过多番考虑，最终决定留下用心对待工作的员工。

平均主义的管理模式看起来很公平，但对优秀员工来说，其实是不公平的。优秀员工也许能够创造 80％ 的利润，但如果他们的收入与普通员工相差无几，他们难免会感到不公平,一旦他们有了这种感觉,团队的整体工作效率很可能就会大大降低。

因此,管理者一定要及时优化那些平庸的员工。通常情况下,To B 企业都会有一套完整的人力资源体系,明确规定在什么情形下可以做出选择,管理者应该借助相关制度。此外,在招聘时也要把好关,从根源上减少平庸者的数量,从而为优秀员工打造一个充满活力的工作环境,带动整个团队的发展。

14.6　压缩层级结构,扁平化管理

随着 To B 企业规模的不断扩大,管理层级会越来越多,最高层的指令经过各层的传递,很容易失去完整性。因此,很多 To B 企业都在努力减少管理层级,尝试扁平化管理,从而建立起一个紧凑、干练的组织架构,提高工作效率,如图 14-4 所示。

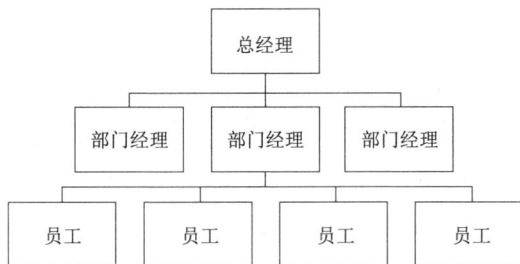

图 14-4　组织架构扁平化

与传统组织架构相比,扁平化的组织架构更灵活,而且能促进内部沟通,有利于调动员工的创造性和积极性,使其更迅速地对环境变化做出反应。虽然从直观上来看,组织架构扁平化有很多优点,但在一些 To B 企业里,其效果并不

是那么显著。那么，To B 企业如何才能做到扁平化管理呢？下面我们以小米为例进行说明。

小米的组织架构只有三级：核心创始人——部门负责人——普通员工。除了创始人有固定职位以外，其他人都属于工程师，没有职位之分，不存在职位晋升问题，唯一的奖励就是涨薪。因此，小米的员工不用考虑太多，只要一心扑在工作上即可实现个人利益。

从小米的案例我们可以看到，实现组织架构的扁平化首先要做到主要合伙人各司其职，互不干涉。小米之所以能维持扁平化管理，最关键的是其为不同的业务领域安排了不同的负责人，大家分工明确。这种组织架构的一个最大优势就是反应迅速。

小米除了每周一要开例会外，平时很少开会，这样的管理制度减少了层级之间相互汇报所浪费的时间，极大提高了反应速度。To B 企业可以学习小米的做法，通过减少中间的管理层，缩短信息在各管理层之间流通和传递所消耗的时间，从而提高团队的工作效率。

14.7　组成敏捷组织，降低沟通成本

敏捷组织是未来趋势，顺应这个趋势可以使 To B 企业更迅速地感知和应对外部环境变化。那么，To B 企业应该如何打造敏捷组织呢？关键在于实现信息的公开、透明、共享，从而让员工能够及时明确自己的工作目标和工作内容。

在敏捷组织中，公开、透明的信息能够让员工了解自己目前的优先工作是什么，同时也可以促使他们思考为了完成这项工作，自己要付出怎样的努力。要达

到这样的效果，To B 企业需要做到两点：一是对员工的管理要公开、透明；二是目标和工作进度要公开、透明。

首先，管理者要制定完善、公开的管理制度。在制度中，管理者需要详细表明完成目标的周期、部门及员工的关键成果。同时，管理者还要规定目标的完成程度及其所对应的奖励。其次，管理者可以通过内部共享工具公开相关信息，并确保员工可以看到这些信息。在建立敏捷组织的整个过程中，公开、透明的信息能够让管理者清楚地了解员工的工作进度和工作能力，从而帮助管理者及时发现并解决各种问题，推动 To B 企业获得更大进步。

14.8　制定 OKR，将主动权还给员工

To B 企业的价值是由员工创造的，To B 企业的发展是由员工推动的，OKR（Objectives and Key Results，目标与关键成果法，是一种明确和跟踪目标及其完成情况的方法）的实施能够有效激励员工，激发员工的内在驱动力，促使其为 To B 企业作出更大贡献。

为什么 OKR 可以激励员工？原因主要体现在以下两个方面。

首先，在 OKR 的制定和实施过程中，员工都会有一定的自主性，可以提出自己的意见和建议。因此，员工的诉求会体现在 OKR 中，自身诉求的满足能够充分激发其工作积极性。

同时，在工作过程中，员工也能充分发挥自主性。OKR 设定了员工的工作目标和发展框架，在这个框架内，员工可以充分发挥自主性，在确保结果能够达成的前提下按照自己的意愿安排工作。与被动地接受安排相比，员工自己决定要做的工作会让其在工作中更有动力。

其次，OKR 是短周期目标，定时对该目标进行更新能够对员工起到激励作用。例如，在实施 OKR 的过程中，研发部门每周都要对目标完成进度进行更新，员工通过会议来了解目标完成进度，明确这一周的工作情况并安排剩余的工作。

此外，研发部门也会对比本周和上周的工作进度，明确自己对整个团队的贡献度是否有所提高，这种重复加深印象的做法，会使员工对部门目标和工作进度有一个更清楚的认识，而且个人能力的每一次提升对于员工来说都是一次激励。

管理者需要注意，为了更好地发挥 OKR 的激励作用，针对员工的目标完成情况为其设置一些奖励是一个非常不错的做法。例如，管理者可以对最早完成目标的前 10％ 的员工予以奖励，这样不仅可以更好地激发这些员工的积极性，还可以带动其他员工尽快完成目标。

To B 企业在引进 OKR 时，根据自身规模的不同，OKR 的部署方式也不同。

第一，对于创业型 To B 企业而言，由于其规模较小，在大范围内实施 OKR 比较容易，此类企业是实施 OKR 的主力军。因为没有其他管理模式的束缚，此类企业在成立之初就可以选择一种更符合时代发展、更能促进高绩效管理的模式来管理员工。

第二，对于传统的大型 To B 企业而言，管理者可以选择先在某个部门进行试点，如研发部门。在研发部门中，由于员工工作的关键指标难以量化，传统的目标管理工具 KPI 很难发挥有效的管理作用，因此，该部门亟须寻求新工具来对员工进行有效管理。

无论管理者选择在某个部门还是在整个 To B 企业中实施 OKR，都需要对 OKR 进行逐步部署。同时，从初步部署 OKR 到实现整个团队的覆盖，可能需要一个季度甚至一年的时间,管理者不可以急于求成,否则很难取得很好的效果。

管理者在部署 OKR 的过程中,当各团队之间存在合作关系时,它们可以共用一组 OKR。例如,IT 团队下会垂直组建 IT 销售团队、IT 市场团队、IT 产品团队等,这时管理者不需要为每个团队单独制定 OKR,可以让他们共同使用一组 OKR。此外,各团队在制定 OKR 时,可以通过彼此之间的沟通实现 OKR 的合理性与一致性,这样对于不同的在工作上存在相关性的团队而言,其目标和关键成果是一致的,更有利于工作的协调,可以提升整体效率。

其实不仅 IT 团队可以采用这种模式,其他团队也可以采用这种模式,这取决于组织架构的紧密性。例如,在 SaaS 领域,产品团队和研发团队是紧密协作的,虽然分属于两个截然不同的部门,但彼此之间的依赖关系较强,可以共用一组 OKR。

无论管理者采用哪种方式实施 OKR,都要在分析 To B 企业实际情况的基础上进行相关操作。同时,如果管理者决定在大范围内实施 OKR,其实也可以通过部门试点来一步步推进。但需要注意的是,在逐步实施 OKR 的过程中,管理者需要有足够的耐心和信心。

14.9　SaaS 团队如何高效管理

在以 SaaS 业务为核心业务的 To B 企业中,SaaS 团队的地位不可动摇,如果 To B 企业无法做好 SaaS 团队管理,那产品再优秀可能也无法取得很好的销售业绩。综合地看,管理 SaaS 团队应该从以下几个方面入手,如图 14-5 所示。

图 14-5　做好 SaaS 团队管理的五个方面

1. 人才吸引：保证活力、趋于年轻化

To B 企业要保证员工是有活力的，同时要让员工朝年轻化的方向发展。通常年轻员工接受和学习新事物的速度比较快，对一些新兴技术比较擅长，可以开发出比较有新意的产品。此外，年轻员工有强大的创造性和洞察力，可以被很好地整合起来。

2. 目标监督：月初紧、月中检、月末冲

SaaS 团队必须有目标，而且当目标设定出来后，领导应该帮助和督促自己的下属去执行目标。在执行目标的过程中，有三个非常重要的关键期，分别是月初、月中、月末，针对不同的关键期，领导需要做不同的工作，即月初紧、月中检、月末冲。

(1)月初紧，即前 10 天要完成 50％的月目标。SaaS 团队应该在月初时就紧

绷着一根弦,争取做到开门红。

(2)月中检,指的是检验目标完成情况。到了月中,要对目标完成情况进行了解,如果发现有完不成目标的员工,那就需要采取一定的措施,例如安排他们进行系统学习、传授他们一些产品开发技巧、锻炼他们的思维能力等。另外,他们也需要总结自己没有完成目标的原因,避免再次出现同样的情况。

(3)月末冲,即月底总动员,冲刺最终目标。"已经到了月末,大家冲一把",这是大多数领导的惯用说辞,但这句话其实起不了太大作用,领导真正应该做的是多夸奖、多表扬员工,激发整个 SaaS 团队的士气,让员工自己主动去冲刺、拼搏。

3. 文化建设:积极、活泼、灵动

和其他团队一样,SaaS 团队也需要进行文化建设,高效的 SaaS 团队必须有非常积极、活泼的文化氛围,这关系每一位员工的成长和发展。和谐的工作环境可以促使员工全身心地投入工作中,激发他们对工作的热爱,使他们产生更强烈的工作热情。

4. 梯队创新:自上而下的模式

SaaS 团队中的角色分配应该是一种自下而上的模式,例如年轻员工出创意,进行头脑风暴;年龄稍长一点的员工去整合资源;工作能力强的员工辅助领导做决策,把握大局。这样不仅可以避免领导专权独断,还可以将决策风险降到最低。

5. 会议召开:定期传递重要信息

会议是让员工了解近期整体工作进度,以及其他重大事件的一个有效途径,

必须定期召开。以月度会议为例，领导应该对员工的目标完成情况进行总结，同时还需要根据员工的业绩兑现奖励措施。此外，如果想增强整个 SaaS 团队的凝聚力，那么协调会议的召开也非常有必要。

如今，无论是 SaaS 团队的搭建，还是员工的培养和管理，都不可能一蹴而就，而是必须经过一段比较长的时间。只有善于经营、总结、观察的 SaaS 团队，才可以在 To B 领域站稳脚跟，获得良好发展。

15

第 15 章

团队激励：如何让激励既专业又有效

借助各种激励方法,想方设法调动员工在工作中的主动性、积极性、创造力,是带出高素质团队的基本途径和重要手段。对于 To B 企业来说,建立一套专业、有效的团队激励机制是重要的,但一定不可以忽视员工的需求,要始终坚持以员工为核心。

15.1　有错必改,有功必奖

To B 企业按照规定对员工进行奖励或处罚以强化人事管理的制度被称为奖惩制度,奖惩制度通常包括原则、条件、种类、方式、手续等方面的内容。上海一家大型 To B 企业大约有 480 名员工,下设多个部门,倡导家人型管理模式,即把每位员工都当作家人。如果员工犯错,该企业都是以说服教育为主,而且只要员工不申请离职,也不会主动开除员工。

这种家人型管理模式需要好的执行,不能让员工养成一些不良习惯,如工作效率低等。实际上,该企业要想激发员工的斗志,说服教育是一方面,最好要有达到奖勤罚懒目的的制度。

此制度的设置具体可以从以下几个方面着手:

1. 要因人而异

这里的因人而异不是指人情、职位等因素,而是指不同员工的需求。其实很多时候,把同样的措施用到不同员工身上,起到的效果会不同。而且同一位员工,处在不同的时间或环境,也会有不同需求。所以,要因人而异。

为了实现上述目标,我们首先要清楚每个员工的真正需求,然后将这些需求整理、归类,并以此为依据来制定相应的制度。例如,有的员工希望得到更高的工资,而另一些员工希望有自由的休假时间。对于前者来说,最好的奖励就是奖金;而对于后者,多几天假期显然更有吸引力。

2. 措施要适度

措施不适度不仅会影响效果,还会增加成本,避免这一问题的最好办法就是,针对行为进行奖罚,然后将奖罚的方式、程度、内容等细节公开,让所有员工明白,什么行为是可以容忍的,什么行为是不能容忍的。

另外,制度的设置还应该让员工参与进来,毕竟他们才是措施的对象。对于 To B 企业来说,此制度目的不是给员工福利,也不是向员工要福利,而是激励和督促员工。

3. 拒绝偏见,保证公平

公平是管理员工的一个重要原则,任何不公的待遇都会影响员工的工作效率和工作情绪。取得同等成绩的员工,一定要获得同等层次的奖励,犯同等错误的员工也应受到同等层次的处罚,管理者必须做到对所有员工一视同仁,不能有任何偏见。

　　任何一个团队的活力都来源于每个员工的努力，合理的制度可以充分调动员工的热情、积极性、创造力，从而进一步提高 To B 企业的综合竞争力和整体工作效率。

15.2　有效激励＝精神激励＋物质激励

　　现在很多 To B 企业可能都遇到这样的问题：员工工作没有主动性。要想解决此问题，To B 企业应该采取积极的激励措施，促使员工在工作中有充足的激情，比较常见的激励措施可以分为精神激励和物质激励。

1. 精神激励

　　赞美是美德的影子，更是对他人最直接的认同和鼓励，To B 企业不要吝啬对员工的赞美，应该把赞美员工当作一种企业文化。在实际操作时，To B 企业可以尝试先表扬员工的优点，然后再指出其不足，防止打消员工的工作积极性。

　　To B 企业要让员工认为自己受到重视，体会到一种被团队需要的感觉，但要恰如其分，这样员工的接受度会相对更高。言不符实不仅会让员工产生过高的期望值，徒增很多心理压力，还可能让员工有一种被奉承的感觉，觉得是刻意而为。

　　成功的灵丹妙药是鼓励，暂时落后的员工更需要鼓励，这样他们才会认真工作，以证明自己的能力。当员工犯错误时，管理者不能总是用思维定式去想问题，而应该表现出对员工辛苦工作的体谅，并鼓励员工在之后的工作中继续努力，不断提升自己。

2. 物质激励

To B 企业要学会用小福利奖赏员工,使员工在繁忙的工作中收获惊喜,从而对团队产生强烈的认同感和归属感。奖赏的关键在于兑现速度,即约定的福利一定要及时兑现,如果间隔太长,就会削弱福利对员工的激励效果。

对于员工来说,及时的奖赏要比空泛承诺好很多。假设一名员工某天表现特别好,该员工的两位领导老张和老李都看到了他的努力。老张选择在当天给他买了一杯饮料,以犒劳他的辛苦工作;而老李只是说:"辛苦了,改天给你发奖金。"但后来并没有兑现。该员工对哪位管理者的印象更好呢? 答案显而易见。虽然老张的奖赏没有多贵重,但贵在及时;老李承诺的奖赏比较丰厚,却不履行承诺,和画大饼没有什么区别。

涨工资是管理过程中比较常见的物质激励手段,也是基本的物质激励手段。To B 企业如果想为员工加薪,要权衡利弊,综合考虑加薪所带来的积极效应是否大于损失的成本,同时也要根据员工在团队中的贡献程度来决定是否为其加薪,以及加多少才合适。如果一个员工在团队中的贡献程度与加薪幅度不匹配,那么其他员工会觉得领导者的做法失之偏颇,这种因为薪酬分配失误而带来的负面影响甚至会比不加薪要严重。

除了加薪外,缩短工时也是一种激励员工的办法。一个优秀的团队不应该只看重员工的工作时长,还应该关注工作效率。合理地缩短员工的工时,能够给员工更多休息的时间,使他们以最饱满的状态应对工作。如果一个团队无法长时间缩短工时,也可以采用短期形式,例如,在冬季、部分法定节假日前一个工作日缩短工时,以达到激励员工的效果。

不要小看生日惊喜、下午茶、庆功宴等极具仪式感的福利,这种福利不算昂贵，但可以充分满足员工作为普通人的炫耀需求，让他们感受到来自团队的体贴和关怀。例如，某 To B 企业的领导在员工过生日时送给员工一支刻有她的名字和团队标志的钢笔，令她非常高兴，因为这是一份专属于她的定制礼物，让她有一种被重视的幸福感。

对于 To B 企业来说，精神激励和物质激励都非常重要。以科学的方式激励员工不仅可以促进员工之间、员工和管理者之间的关系，增强整个团队的凝聚力，还能让员工更重视自己的工作成果，提前为自己的下一步工作打下基础，从而带动 To B 企业的长远发展。

15.3　浮动式薪酬：激发员工的热情

浮动式薪酬模式目前的应用比较广泛，在这种薪酬模式中，薪酬不仅与劳动价值的大小密切相关，还和 To B 企业的具体收益挂钩，从而促使员工更重视整体利益。现在浮动式薪酬的类型非常多，总结下来主要包括以下几种。

第一种：全额浮动式薪酬

全额浮动式薪酬是把员工的薪酬与经营效益的好坏相联系。就目前的情况来看，采取这种薪酬模式的 To B 企业数量是非常少的。

第二种：部分浮动式薪酬

部分浮动式薪酬的具体做法是：把员工所处岗位和职级的薪酬作为固定薪酬，每个月都按时发放，使员工的基本生活需求得到保障；奖金、津贴、绩效薪酬等则作为浮动薪酬，会随着经营效益的好坏和劳动价值的大小出现浮动。具体来说，如果 To B 企业的经营效益好，员工的劳动价值又大，那么浮动薪酬就会增加，反之则会减少。

第三种：岗位浮动式薪酬

岗位浮动式薪酬主要是指把岗位薪酬和员工创造出的劳动价值结合起来，实现薪酬浮动的一种模式。在该模式下，薪酬是根据岗位薪酬标准来确定的，然后通过岗位薪酬标准反映员工之间的薪酬差异，岗位薪酬标准是由工作量、技术难易程度、具体价值等因素来决定的。

虽然这种模式在一定程度上打破了传统的平均主义，但还是不能从根本上解决干活多还是少、好还是坏都无差别的问题。所以，To B 企业既要采取岗位薪酬，又要采取浮动薪酬，这样才可以达到鼓励优秀员工、激励普通员工的目的。

目前浮动式薪酬模式的应用越来越普遍，采取该薪酬模式的 To B 企业也越来越多。不过，如果 To B 企业没有正确地设计浮动薪酬，那么这种薪酬模式就很有可能造成适得其反的效果。因此，To B 企业一定要注意不可以一时兴起，随意提高员工的浮动薪酬。

15.4 弹性福利制度，优化员工体验

通常弹性福利制度大致可以分为以下五种类型，如图 15-1 所示。

1. 附加型弹性福利制度

这种福利制度比较普及，是在现有福利项目之外，扩大原有福利项目水准，或者增加不同的福利项目，以供员工选择。

2. 核心＋选择型弹性福利制度

所谓核心是指 To B 企业设计的基本福利，每位员工都能享有。选择是指

To B 企业在核心福利的基础上又为员工设计了其他福利以供选择,对于员工个人所选择的福利,一般会设有限定条件。

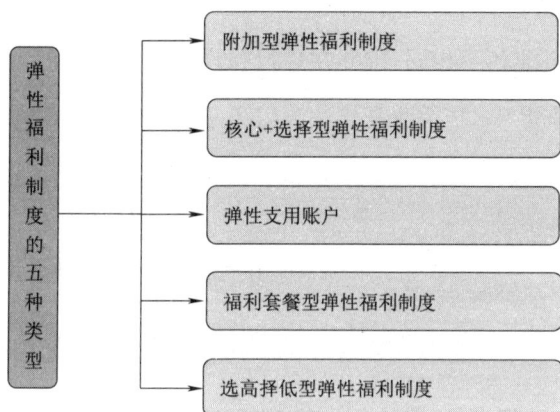

图 15-1 弹性福利制度的五大类型

3. 弹性支用账户

该福利制度比较特殊,是由员工将自己税前总收入的一部分单独拨出,建立一个支用账户,以此来购买 To B 企业为员工提供的各种福利项目。

4. 福利套餐型弹性福利制度

To B 企业设计并推出不同水准的福利组合套餐,员工可以根据个人实际需求进行自由选择。

5. 选高择低型弹性福利制度

该福利制度是 To B 企业对原有福利方案进行规划与调整,形成几种不同的福利组合让员工选择,这些福利组合与之前的福利方案相比,价值有高有低。在具体操作时,如果员工选择了价值较高的福利组合,那么需要补齐中间差价;反之则由 To B 企业为员工支付相应的差额。

由于 To B 企业各不相同,因此在进行弹性福利制度设计时,需要紧密结合自身实际情况,通常 To B 企业需要注意以下三点,如图 15-2 所示。

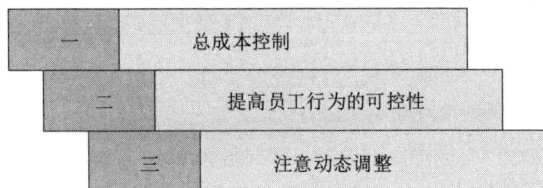

图 15-2　设计弹性福利制度时需要注意的三点

1. 总成本控制

To B 企业设计弹性福利制度的根本意义在于加强员工管理,促进自身发展。由于很多时候,员工与员工之间的需求差异是很大的,这就对 To B 企业控制总成本提出了比较高的要求。To B 企业应该在设计弹性福利制度前充分调查员工的需求,针对多数员工存在的需求进行相关操作,而不提供仅有少数员工会选择的福利项目。

2. 提高员工行为可控性

在 To B 企业设计的弹性福利制度中,有多种福利项目可供员工自由选择,这往往会导致员工出现逆向行为,即选择与自己容易出现的问题相对应的福利项目,以此来保障个人利益。例如,有离职意向的员工可能会选择与离职相关的福利项目,员工的这种行为不仅增加了管理成本,也违背了 To B 企业设计弹性福利制度的初衷。

因此,在进行弹性福利制度设计时,To B 企业要注意提高员工行为的可控性,例如设计一些固定福利项目,规定福利项目调整周期等。

3. 注意动态调整

为了保持弹性福利制度对员工的激励作用,To B 企业必须要求 HR 随时进行内外部相关福利情况的分析与调查,并对已经设计好的弹性福利制度进行适当优化。

15.5　合理授权,提升积极性

"管得少就是管得好。"但许多管理者习惯任何事都要亲力亲为,不放心把工作交给员工,然而,事必躬亲的结果却是:管理者身心疲惫;员工束手束脚,工作能力得不到提升,越来越依赖管理者。

其实很多时候,充分而恰当授权,是 To B 企业不断发展的保障。那么,To B 企业的管理者应该如何做好授权呢? 具体可以从以下两个方面进行说明。

1. 学会授权

管理者首先要做到信任员工,愿意为员工授权,同时还要将业务细分,让员工承担相应的目标和责任,行使相应的权利。To B 企业的管理者应该学会授权,不能什么事都亲力亲为,这样反而会使员工有依赖,不利于 To B 企业以后的长远发展。

2. 工作执行要责任到人

有时工作执行不力的一个关键原因是无人负责,换言之,管理者在为员工安排了相应的工作后,应该指派专人负责工作进度的把控和监督,以此来保证员工的执行力。但很多管理者都忽视了这一点,导致工作难以落地,无法产生实际效果。管理者要将工作细分,同时还要把工作落实到具体的负责人身上,给予其一定的权利,以此来保证整个团队的工作效率。

为一些能力强的员工授权可以让员工感到自己被重视,有利于提升整个团队的执行力,让工作的执行效果达到最优化。对于广大 To B 企业来说,将目标和任务同时卜分给员工,确保工作责任到人,并极度信任员工,赋予其应有的权利,才能更好地推动其发挥作用。

15.6　建立积极文化,员工与 To B 企业共同成长

文化对于 To B 企业来说是非常重要的,一个有优秀文化的 To B 企业,其员工的凝聚力会非常强大,各项工作的质量和效率也可以得到保障,但文化的形成需要一段时间,不可能一蹴而就。To B 企业要想打造自己的文化,需要遵循以下七个步骤。

(1)提出关于文化的理念。这个理念就是 To B 企业的旗帜,引领全体员工向正确的方向奋勇前进。一般理念不需要太长,最好是生动、短小的语句,以便让员工产生深刻记忆。

(2)把文化编制成手册,将其作为员工的行为纲领,以及开展各项工作的基本准则。现在很多 To B 企业都会以手册的形式将文化传输给员工,让员工对

文化有更深入的理解。

(3)为了让员工接受文化，To B 企业可以将自己所倡导的一些文化改编成故事，通过这些故事实现文化的口口相传，而且这样会比讲大道理来得更生动、形象。

(4)创办内刊，通过内刊传播 To B 企业的文化，不断弘扬 To B 企业的价值观和理念。

(5)文化需要反复讲、反复学、反复培训，这样才可以让员工在不断熏陶下，对 To B 企业及其文化产生更强大的认同感。

(6)正所谓上行下效，管理者的言传身教是非常重要的，如果管理者做了很多有利于加深文化认同的示范行为，那么员工也会自觉践行 To B 企业的文化。

(7)通过各种各样的活动，如演讲赛、辩论赛、文化心得分享会等，将 To B 企业的文化传播出去，让员工在潜移默化中受到影响和同化。

一些企业家和管理者，一起与一家巨头企业的总裁见面。当时，他们提了这样一个问题："你们公司最有价值的东西是什么？""我们公司最有价值的东西，我刚刚见面的时候就已经给你们了。"参加会面者看了看自己手中的卡片，原本以为是名片，但其实是一张写着企业价值观的卡片，而这在很大程度上代表了企业的文化。

可见，该企业的文化不仅写在手册里面，还写在一张类似名片大小的卡片上（如图 15-3 所示）。

当员工需要与别人交换信息时，就可以将代表企业文化的卡片展示给对方，这样可以体现员工与企业的高度融合。与此同时，对方也能感受到企业的核心凝聚力和价值观，从而对企业有深刻的印象。

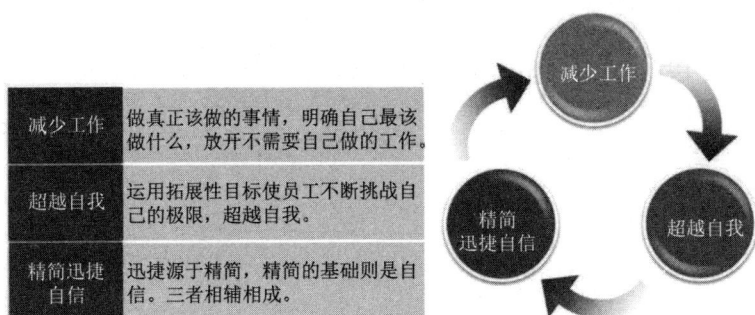

图 15-3 企业的文化卡片

15.7 客户成功团队的作用

客户成功团队是近年来新兴的一种团队，也是 B 端业务逐渐发展成熟的产物。客户使用 To B 企业提供的产品是否达成了交易总额、工作效率、使用体验等多方面的提升，便是检验客户成功团队是否真的让客户成功的关键标准。

客户通过产品达到了满意的效果，便会选择续费或转介绍，To B 企业因此得以发展下去。基于此，我们不难看出双赢是每个 To B 企业与客户共同的目标。

以客户为出发点，To B 企业需要深层次地了解客户需求，以此为依据对产品进行调整，通过营销与研发两个部门的支持，让客户在使用产品时更满意；以产品为出发点，To B 企业需要不断优化系统与服务，向客户提供精细化、差异化服务，推动自身持续发展。

俗话说有一才有二，只有让一个客户真正感到满意，他才愿意进行转介绍或者续费，以此来维持客户成功团队的运作。很多人对这个团队比较陌生，好奇他们平时都要做些什么，仅仅是和客户聊聊天吗？其实并不是。他们每周都要主动询问客户产品有哪里需要改进，并帮助客户制定解决方案；需要定期去客户那里拜访，了解产品在使用过程中有哪些问题。

客户成功团队在某种意义上，已经脱离了营销环节，与客户成为朋友关系，当客户有困难时，他们需要给予客户帮助，促使客户继续使用产品。

当客户发展得越来越好，规模变得越来越大时，便会回过头来感激当初向自己伸出援手的客户成功团队，并加深与其的合作。客户成功团队和客户是一个利益共同体，二者一荣俱荣、一损俱损。